枫叶正红

我的学生我的班

张 红 著

中国海洋大学出版社
·青岛·

图书在版编目（CIP）数据

枫叶正红：我的学生我的班/张红著.—青岛：中国海洋大学出版社，2020.6
ISBN 978-7-5670-2493-9

Ⅰ.①枫… Ⅱ.①张… Ⅲ.①中小学－班主任工作 Ⅳ.① G635.16

中国版本图书馆 CIP 数据核字（2020）第 072411 号

出版发行	中国海洋大学出版社		
社　　址	青岛市香港东路 23 号	邮政编码	266071
出版人	杨立敏		
网　　址	http://pub.ouc.edu.cn		
电子信箱	1922305382@qq.com		
订购电话	0532-82032573（传真）		
责任编辑	邵成军	电　　话	0532-85902533
印　　制	日照日报印务中心		
版　　次	2020 年 6 月第 1 版		
印　　次	2020 年 6 月第 1 次印刷		
成品尺寸	170 mm×240 mm		
印　　张	10.25		
字　　数	166 千		
印　　数	1—1 000		
定　　价	45.00 元		

写在前面的话

我的班主任成长之路，大致可以分为四个阶段：第一阶段（1993—2003年），积累期；第二阶段（2003—2009年），成长期；第三阶段（2009—2016年），提高期；第四阶段（2016年至今），成熟期。

1993年，即墨师范毕业后我分到了城南小学。学校领导安排我教一年级语文，并担任班主任。从此，我走上了忙碌的班主任之路，每天大事小情，事必躬亲，忙得不可开交。周围的老教师心疼我，告诉我很多事可以让学生帮着做，学生也可得到锻炼。我觉得自己有激情、有精力、有时间，自己干省心省力。第一年，我用心对待每一个学生，认真做好班级的日常管理工作，积极维护班级良好的秩序，顺利完成了教育教学工作。领导肯定我，自己也满意。问题出在学生升入二年级以后，别的班主任有了他们培养的小助手，工作轻松多了。更让人羡慕的是，学生喜欢这样的班主任。而我，只有傻眼的份了。接下来的几年，我开始思考同事们的建议，更加踏实地对待我的班主任工作，用心地对待我的每一名学生，和其他年轻教师一样，按部就班地教学、当班主任，积极参加各级各类培训和教学基本功比赛，走着一条再普通不过的班主任之路。最令我自豪的是，我的努力和付出，得到了学生的喜欢和家长的认可。

到2003年，十年了，我成长了。这一年我教五年级。我采用班级事务岗位责任制，把每个学生看成天使，把每个学生看成自己的助手，我的班主任工作舒服多了。这一年，我在极为特殊的情况下接了一年级（5）班，然后连带六年，直到他们小学毕业。第一次连续带班，对我来说是一个挑战，更是一种机遇,让我有机会螺旋上升着建设我的班级。我的第一篇教育日记就诞生在这一时期的 2007 年 12 月 10 日。

2009 年,我来到了即墨市长江路小学。多年的班主任工作,使我深深地感受到:要做好班主任工作,爱心、耐心、责任心不可或缺,更重要的是走进学生的内心。随着学生一天天长大,他们更看重心灵和情感的交流。怎样才能走进学生的内心呢?我采取了写日记的形式。日记的对象是我的学生,日记的内容是学生平时的点滴进步和他们的喜怒哀乐。我经常与学生一起分享我的日记。每当听到自己的名字在老师的日记里出现,学生就兴奋异常,因为走进张老师的日记就是走进了张老师的心中啊!当然,学生也拿自己写的日记跟我交流。彼此的心相通了,思想工作也就好做了。2013 至 2014 学年度,我和学生一起读书、写日记,一天未落。写教育日记成为我生活中不可或缺的一部分。

2016 年 7 月 18 日,我去南京师范大学参加了青岛市骨干班主任培训;8 月 22 日,给即墨市新上岗教师做师德和班主任培训;9 月 25 日,参加"成长路上,榜样引航——2016 青岛草根名师"红毯走秀;10 月 18 日,参加 2016 年"国培计划"示范性小学骨干班主任东北师范大学培训班。2017 年 2 月 28 日,我成为青岛市普通中小学名班主任工作室主持人,带领工作室成员培训、研修、学习,带动了身边一大批年轻班主任快速成长。2019 年,我去农村支教归来,自己的班主任工作经历更加丰富。

一路走来,我逐渐摸索出一条有自己特色的班主任工作之路:心中有学生,热爱每一个学生,是做好班主任工作的前提;管理民主,方法灵活,善于营造宽松和谐的管理氛围,师生关系和谐融洽,是做好班主任工作的关键。

我希望自己成为研究型、智慧型、专家型班主任。虽不能至,心向往之。

张 红

2020 年 3 月 12 日

于青岛即墨

有梦想的班主任永远年轻

（代序）

张红老师在即墨区小学教师中是个有名的班主任，她在班主任工作方面的一些经典做法已经在很多老师中间流传开来。作为青岛市首批普通中小学名班主任工作室主持人，张老师实至名归。

说起班主任，不能不说这是个非常有意思的职位。在老师们眼里，它是不能归入任何行政级别的干部，但又是"无所不管、无所不能"的干部。班主任工作的纷繁复杂、劳力劳心是不能言表的。所以，有的老师是不喜欢做班主任的。

班主任要协调科任老师上好本班的课、布置好本班的作业；要协调好家长与老师、孩子与老师、孩子与孩子的关系，有时候甚至要协调好孩子跟家长的关系；班主任要会做医生，处理孩子的小碰小磕；班主任要会做法官，公正处理学生之间的矛盾；班主任要会做教练，选拔训练运动员；班主任要会做心理咨询师，细心辅导心理有异常倾向的孩子；班主任要会做义工，看护孩子的一切……当然，做好这一切的前提是，班主任应该是非常优秀的主要学科的科任老师。

张红就是这样一位优秀的班主任。

班级工作有很多是琐碎的、单调的、重复的，比如晨午检、缺勤追因、主题活动；班级工作又有很多是创新的、自主的、多彩的，这就要靠班主任的能动性去开展班级活动。而这一切，要想做好，要想调动班级所有学生持久的积极性，班主任老师必须是一位充满爱心和耐心、充满梦想和激情的好老师。

张红就是这样一位优秀的老师。

我一拿到张红老师的《枫叶正红：我的学生我的班》的初稿，立刻就被她朴实的语言和真实的故事吸引了，不由自主地一口气读下去，一边读一边在脑海里浮现着张老师跟她的班级、跟她的孩子们演绎着的那丰富多彩的活动。我仿佛看到了孩子们在"天使计划"中温暖的爱心，看到了孩子们在"感恩日记"接龙中满满的正能量，看到了"十分钟生日会"上小主角们开心的笑容，看到了孩子们和国旗合影时自豪的面庞，看到了张老师带着孩子们一起赶点赞大集的热闹场面……

我很欣喜。张红老师把她班主任工作的做法和思考融进这本书里，呈现给大家。这是一本基于一线实践研究的班主任经验总结，有很高的研究价值。我相信这本书的出版一定会给年轻的小学班主任老师，特别是刚担任班主任的老师们提供一些帮助。

张红老师自任教开始就担任班主任，27年来一直没有间断。在本书即将付梓的时候，张红老师依然在班主任的岗位上忙碌着。她每天记班级日记，每天跟家长交流，每天跟孩子们有约，每个学期都有新鲜的活动，每个主题都有创意。张老师一直在向着一个灿烂梦想前行，她希望孩子们快乐、健康、主动、优秀、多彩；她希望班级是一个温馨的家、一趟梦想的列车、一个永远留在孩子们心底的美好归宿。若干年后，当孩子们走向建设祖国的栋梁岗位，他们会有使不完的劲儿、会克服所有的困难，因为他们从张红老师身上和他们的班级里汲取了最初的能量！

有梦想的班主任永远年轻，张老师就是这样的班主任。

青岛长江学校小学部校长 房富本

2020年3月

于青岛即墨

目 录

第一章 经验篇 ………………………………………………… 1

第一节 只要心中充满爱 ……………………………………… 3
第二节 名师课堂,魅力无限 ………………………………… 7
第三节 用欣赏的眼光看学生,以宽容的心态待学生 ……… 10
第四节 做有涵养的、幸福的班主任 ………………………… 12
第五节 分享亮点,汇报收获 ………………………………… 15
第六节 "国培"归来话收获 ………………………………… 18
第七节 我这样开家长会 ……………………………………… 23

第二章 总结篇 ………………………………………………… 27

第一节 2011年6月26日三年级(3)班班主任总结 ……… 29
第二节 2011年12月26日四年级(3)班班主任总结 …… 31
第三节 2012年6月28日四年级(3)班班主任总结 ……… 34
第四节 2013年1月6日五年级(3)班班主任总结 ……… 37
第五节 2016年12月26日六年级(10)班班主任总结 …… 39
第六节 2018年1月6日五年级(3)班班主任总结 ……… 44
第七节 2018年6月26日五年级(3)班班主任总结 ……… 47
第八节 学习,感恩,反思 …………………………………… 49
第九节 支教工作总结 ………………………………………… 56

第三章　心得篇 ································· 63

第一节　赴南京师范大学参加班主任培训有得 ············ 65
第二节　聚焦核心素养，丰富教育智慧 ················ 67
第三节　湘潭铜川行 ···························· 69
第四节　遇见更好的自己 ························ 71
第五节　遇见 EAP，遇见美好 ···················· 72
第六节　从"心"再出发 ························ 74
第七节　找寻"心"密码 ························ 76
第八节　选我所爱，爱我所选 ···················· 78

第四章　读书篇 ································· 81

第一节　我读书，我快乐 ························ 83
第二节　《教学勇气——漫步教师心灵》读书札记 ········ 86
第三节　《教育智慧从哪里来》读书反思 ·············· 89
第四节　《读懂孩子——学生心理学手册》读后感 ········ 91
第五节　《轻轻松松当好班主任》读后感 ·············· 93
第六节　巧用心理效应，做智慧班主任 ················ 95
第七节　《正面管教》读后感 ···················· 98

第五章　日记篇 ································· 101

2007 年 12 月 10 日 ·························· 103
2008 年 2 月 16 日 ···························· 105
2009 年 8 月 30 日 ···························· 107
2009 年 9 月 10 日 ···························· 107
2009 年 9 月 17 日 ···························· 107
2010 年 7 月 11 日 ···························· 108
2011 年 8 月 28 日 ···························· 108
2013 年 9 月 2 日 ····························· 109
2013 年 9 月 4 日 ····························· 110
2013 年 9 月 12 日 ···························· 110
2013 年 9 月 30 日 ···························· 111
2013 年 10 月 17 日 ·························· 113

2013年11月13日 …………………………………………………… 114
2013年11月14日 …………………………………………………… 115
2013年11月16日 …………………………………………………… 116
2013年12月10日 …………………………………………………… 116
2013年12月22日 …………………………………………………… 117
2014年1月4日 ……………………………………………………… 117
2014年2月15日 …………………………………………………… 118
2014年2月16日 …………………………………………………… 118
2014年2月17日 …………………………………………………… 119
2014年2月20日 …………………………………………………… 119
2014年2月21日 …………………………………………………… 120
2014年3月16日 …………………………………………………… 120
2014年3月17日 …………………………………………………… 120
2014年3月20日 …………………………………………………… 121
2014年3月22日 …………………………………………………… 121
2014年4月11日 …………………………………………………… 122
2014年4月18日 …………………………………………………… 123
2014年5月22日 …………………………………………………… 123
2014年6月1日 ……………………………………………………… 124
2014年6月3日 ……………………………………………………… 125
2014年6月10日 …………………………………………………… 125
2014年6月13日 …………………………………………………… 125
2014年6月30日 …………………………………………………… 126
2014年7月5日 ……………………………………………………… 126
2014年11月3日 …………………………………………………… 127
2014年11月4日 …………………………………………………… 128
2014年11月9日 …………………………………………………… 128
2014年11月10日 ………………………………………………… 129
2014年11月28日 ………………………………………………… 129
2014年12月26日 ………………………………………………… 130
2014年12月31日 ………………………………………………… 130

2015 年 3 月 1 日 …… 131
2015 年 12 月 24 日 …… 131
2016 年 10 月 13 日 …… 132
2016 年 10 月 14 日 …… 133
2016 年 11 月 2 日 …… 135
2017 年 1 月 1 日 …… 135
2017 年 4 月 4 日 …… 135
2017 年 4 月 19 日 …… 136
2017 年 5 月 16 日 …… 136
2017 年 8 月 22 日 …… 137
2017 年 9 月 10 日 …… 137
2017 年 11 月 21 日 …… 137
2018 年 1 月 3 日 …… 138
2018 年 1 月 16 日 …… 138
2018 年 1 月 19 日 …… 139
2018 年 1 月 23 日 …… 139
2018 年 1 月 27 日 …… 139
2018 年 3 月 16 日 …… 140
2018 年 3 月 31 日 …… 141
2018 年 4 月 20 日 …… 141
2018 年 4 月 26 日 …… 143
2018 年 8 月 28 日 …… 144
2018 年 8 月 29 日 …… 145
2018 年 9 月 18 日 …… 145
2018 年 9 月 25 日 …… 146
2018 年 9 月 28 日 …… 146
2018 年 10 月 26 日 …… 147
2019 年 4 月 11 日 …… 148
2019 年 5 月 31 日 …… 148
2019 年 8 月 18 日 …… 149

后　记 …… 151

第一章

经验篇

第一节　只要心中充满爱

——2011年2月18日在全校工作总结大会上的发言

尊敬的各位领导、各位老师：

新年好！

感谢学校领导的信任，让我有机会与同事们一起交流。作为一名普通的班主任，我只是尽心尽力地做好自己的事情，并无特色可言。如果有值得肯定的地方，那也是我们教研组的集体智慧。唐爱君老师的睿智，孙立新老师的用心，尹淑霞老师的细致，陆德智老师的认真，还有我们长江路小学整个教师团队的努力、奋进，都给了我很大的启发。今天我汇报的题目是《只要心中充满爱》。不当之处，恳请老师们批评指正。

心中有学生、热爱每一个学生，是我们做好班主任工作的前提。没有了爱，也便没有了教育。爱是教育的灵魂，是教育生命力的底线。对于爱，我有如下认识。

一、爱是激励

激励能激发学生内心的多种潜能。每接手一个班级，我都会想方设法调动学生的积极性，激励成了我最好的工具，而一颗颗小星星则成就了我的激励。对于学生身上的点滴进步，我都细心地观察，用心地记录，毫不吝啬地表扬。刚开学时，由于接的是新班级，我使用较多的是表扬。我知道，没有一个学生会轻易拒绝尊重、拒绝肯定。我及时肯定学生的优点：或学习成绩好，或上课纪律好，或乐于助人，或书写认真，或口头表达能力强，或作业用心写，或做事很努力，实在找不出明显的优点，就告诉学生，希望他好。真诚的赞美迅速拉近了我与学生的距离，第一步成功了！亲其师才能信其道嘛！相互熟悉之后，表扬开始落到了量化上，被表扬一次，加一到十分不等，满了十分，就可以得到一个奖章，满十个奖章，就获得班级之星称号，同时直接为自己赢得本学期"三好学生"候选人资格。每当看到学生捧着语文书比比谁盖的奖章多，听到来自家长的反馈信息，我比他们还高兴。接下来得扩大影响，让更多的人了解学生的进步，分享他们的喜悦。期中以后，奖章政策继续实行,以等待更多的班级之星。另一项星运动也顺利地开展了。我亲手画了一个表格,包括早读、作业、课前准备、课堂听讲、课间秩序、眼保健操、跑操、路队、习字等十多项内容,表现好的得一颗小星,以示奖励,不好的画一个小三角,以示提醒。眼保健操的符号另定,睁眼的画小圈,做错的打小叉。睁眼、做错的毕竟是少数,重点教育对象确定了,我们的工作量减少了,教育效果却提高了。每到冬天,不少孩子不愿跑操,有生病的,也不乏偷懒的。没跑操的我们小圈内画小杠,虽说不批评,但我们得记录请假的人员和次数。这样一来,就没人好意思天天"生病"了。班级情况一目了然。每周一总结,满五颗小星换一颗老师亲手制作的大星,大星获得者把星星涂上自己喜欢的颜色,并高高兴兴地亲笔写上"我最棒"或"我真亮"等评价语,郑重签上自己的大名,然后贴到班级文化墙"群星璀璨"栏目里,让自己的优秀有目共睹。我经常告诉学生,每个人身上都有亮点,哪怕再小,只要自己不放弃努力,亮点就会越来越多,整个人也会越来越亮,班里的星星越多,我们班就越亮,谁是功臣谁自豪!我们一双眼睛看不住几十个学生,而一颗心却可以拴住几十颗心,这颗心一定是颗爱心!

二、爱是尊重

人皆有自尊心,皆有人格尊严。处在成长期的学生的自尊心更是敏感与脆弱,更需要我们发自内心的呵护与爱惜,需要我们来自灵魂深处的尊重与信任。尊重是进行教育的前提,而这种尊重本身,就是对学生最好的教育。所以我追求与学生友好相处,我努力去爱每个学生。我曾经在教科书的书皮上用美术字写下"尺有所短,寸有所长"八个大字,也曾经在作文辅导课上给学生讲"厘米和毫米"的故事,更在全班开展了"我为同学找优点"的活动,让每个学生觉得老师对他们一视同仁,让每个学生都感到自己有别人欣赏,从而在班集体中愉快、健康地成长。尊重学生、关爱学生,让学生感激地接受我们的教育,学生高兴,我们更开心。如果哪天批评了哪个学生,或者对谁说了过头的话,我都会真诚地与之谈心,让他明白老师的心,理解老师的做法,老师很喜欢他,只是对他做的事不满意,告诉他犯错不要紧,只要真心改,他还是老师喜欢的好学生,让他高高兴兴回家,第二天满怀信心地走进校门。若发现他进步了,再及时表扬,促使他做得更好。这样良性循环,学生就会向着我们期望的方向发展。

三、爱是信任

卡耐基说："信任是产生奇迹的基础。"作为班主任，我知道班级建设对每个学生的影响。一个民主平等、和谐发展的集体，宛如一篇散发着淡淡清香的散文，形散而神不散，又仿佛一曲悦耳动听的乐章，舒缓、起伏、激昂。在班级管理上，我首先树立为学生服务的思想，其次与学生建立互助的关系，采用科学、民主化管理，信任每一名学生，信任每一名小干部，取得了明显效果。

我相信每个学生的心灵深处都有我的助手。我采用班级事务岗位责任制，充分发挥每个小主人翁的作用，建立学生自我管理体制，让学生树立"我是班级小主人，班级建设靠大家"的思想，积极为班级发展献计献策。每个人分管的事都不大，有监督上下楼梯秩序的，有检查"三姿"的，有负责清洗接水盒的，有负责清理黑板槽的，等等。每个学生都有一个合适的岗位，每个学生都有一项具体的工作。我帮每个学生找到自己的位置和责任，让每个学生感受到自身的价值和尊严，人人都为集体做贡献，每个学生都是班级不可缺少的一员。这样调动每个学生的积极性，唤起每个学生的责任意识，班里事事有人做，人人有事做。班级事务的管理一方面培养了学生的责任心，另一方面促进了班级的发展。把每个学生看成天使，把每个学生都看成自己的助手，我们的班主任工作就好做了。实践证明，对学生过分管束，疾言厉色，是不受学生欢迎的；相反，信任学生，放手让他们做，激发他们内在的能动性，每个学生就真正成了我们班级管理的帮手。

我大胆实行值周班长制。首先，师生共同选定两位常务班长，一个主内，一个主外，负责班里的各项事务。对他们的工作我严格要求、加强指导，主要目的是给后面的值周班长提供一个管理范例。双周末全班同学评价他们的工作，肯定他们的成绩，提出宝贵的意见。班级结合学生的学习、纪律、思想等方面的表现选出优秀的学生担任第一组值周班长。接下来，值周班长就接替常务班长，他们的工作流程与常务班长一样，而常务班长则负责监督、指导值周班长的工作。上学期，共有八位值周班长上岗，更多的优秀学生有了"施政"的机会，得到了更多服务同学、锻炼自己、提高自己的机会。这一举措激发了学生参与班级管理的主动性，也提高了学生的自我管理水平。

班主任工作是一门艺术，需要我们抱着研究的态度，用爱来打动每一个学生，用智慧来管理每一个学生，不断改进我们的教育方法，唤起学生的自

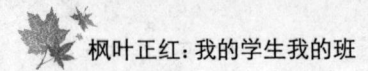

觉性,将学习、守纪内化为自己的行动,才会取得事半功倍的效果。

爱是春雷,能惊醒迷途的孩子;爱是夏雨,能沁入学生的心脾;爱是秋风,能拂去孩子心灵的污垢;爱是冬阳,能温暖学生的心灵。

上善若水,大爱无痕。

让我们快乐地生活着,工作着。

最后,祝领导、老师们工作顺心、生活舒心、天天开心!

第二节　名师课堂,魅力无限

——2014年7月18日参加"小学魅力教师经典课堂研讨会"学习心得

尊敬的各位领导、各位老师：

大家下午好！

非常感谢学校领导给我们搭建了这个平台,让我们有机会一起交流分享学习的心得。暑假,我们参加了"小学魅力教师经典课堂研讨会",走进经典,亲近名师,收获颇丰。名师的课堂充满了无限的魅力,名师的教学理念不断冲击着我们的思维。那一节节生动而富有情趣的课,让我赞叹不已。尤其是张祖庆老师的作文讲评课,精彩至极,令人叹为观止。张祖庆老师是全国著名特级教师,追求"简约而丰满、扎实而灵动"的教学境界,致力于儿童阅读与写作研究,在作文教学、阅读教学、班级读书会等领域均有独到的思考与探索,风格幽默清新,大气洒脱,被誉为小学语文学界的多面手。

下面我从三个方面来与大家交流。

一、我的收获

1. 张祖庆老师作文讲评课的亮点

我们欣赏的是张老师执教的"我身边的达人"作文讲评课。亮点一：导入别具匠心。开课伊始,张老师出示卡通企鹅图片,让学生们去辨别男女。学生们兴趣盎然,观察格外仔细。张老师接着再出示两组人物印象,让学生猜猜哪组写的是张老师。学生都有过QQ聊天的经历,并且极为感兴趣,通过比较,再联系张老师本人的特点做出了选择。这样的设计,让学生不知不觉中进了老师的"圈套"——观察人物,要抓住特点。亮点二：讲评丰富多彩。张老师语言风趣、幽默,尤其是他对学生习作的酷评,妙语连珠,给我留下了深刻的印象。他首先从指导命题入手,让学生明白"好题文一半"的道理。接着张老师与学生们共享他们习作中的精彩片段,通过各种方式的朗读,体会比喻、拟人的写法以及反复强调的妙处,最后指导学生练习修改自己的习作。他让学生在愉悦轻松的氛围中完成了"如何写出一个特点鲜明的人"的写法指导,把习作评改的主动权完全交给了学生,使得学生笑开了颜,乐开

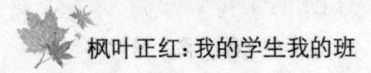

了花,学生学有所得,劳有所获。

学习归来,我意犹未尽,从网上观看了张老师执教的作文讲评课"一个印象深刻的人"的视频。这节课和"我身边的达人"有异曲同工之妙,有兴趣的老师可以一看。

2. 习作修改步骤

步骤一:浏览习作,发现亮点。重点是题目、句子、选材、细节、语言、画面感,沙里淘金。

步骤二:细读作文,发现问题。

步骤三:精心讲评。首先找出学生习作中的问题,然后进行归类比较,确定亟待解决的问题,不贪多,只取一瓢。

3. 修改文章小贴士

小贴士一:写自己的话,抒真实的情。

小贴士二:熟料——生料——猛料。熟料指的是司空见惯的材料;生料指的是比较陌生的材料;猛料指的是最具表现力的材料。

小贴士三:用细节把人物写活。

二、我的感受

一是要用欣赏的眼光看待学生,用欣赏的眼光看待学生的习作。

我们的作文讲评课,确切地说,应该上成作文赏评课。老师多一份欣赏,学生多一份灿烂。当然,在欣赏学生的同时,我们也提升了自己。

二是要不断地加强学习,提高自身的素养。

饱读诗书的人,不一定能成为优秀的语文教师;但是要想成为一个优秀的语文教师,必须要多读书。读和教是相辅相成的,没有高层次的阅读,就没有高水平的教学。要想教好书,先做读书人。我欣赏我校刘秀玲主任、房建兵、时学森等老师飞扬的文采,羡慕李建辉副校长、孙晶晶、张华等老师流畅的表达,也想像宋云明校长、李瑞春主任、万巧华等老师那样博览群书、妙语连珠。诗歌现场会之后,我的这种感觉尤其强烈。当时,坐在台上参与评课,明显感觉到自己的语言贫乏,无法准确、流畅、自如地表达出自己的想法,那种感觉,真的不舒服。所以,一放假,我就开始了自己的读书之旅,我读东周列国、汉史、明清史和《一本书读懂中国史》,读史使人明智嘛!之所以读这些书,其实我有一个小小的私心,即和学生交流的时候,我不至于无话可说。我也读李吉林老师的《情境教育诗篇》,期待着对自己的专业素质提升有所帮助。静下心来，做个读书人，多读书，不仅读专业书，也读文史经哲，让自己底子更厚，让自己底气更足！博观而约取，厚积而薄发。让我们相约：一起诵读古今中外经典，为学生，也为自己一生的幸福奠基。

三、和大家一起分享一个绘本故事

最后，和大家一起分享一个绘本小故事《点》。

这个故事给我们的启示是：每个孩子身上都有优点，都有值得肯定的那个"点"，只要我们多一分耐心，发自内心地去欣赏孩子，给他一个展示的舞台，孩子就会还我们一个精彩。小故事告诉我们：赏识你，赏识我，人人都能享受成功，从一个小小的点开始！

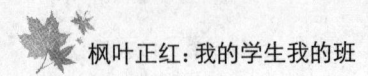
枫叶正红：我的学生我的班

第三节 用欣赏的眼光看学生，以宽容的心态待学生

——2014年11月22、23日参加班主任研修班心得体会

尊敬的各位领导、亲爱的班主任老师们：

大家下午好！

11月22、23日这两天，学校派我参加了班主任研修班学习。首先，非常感谢学校领导给我这次宝贵的学习机会。下面我就跟领导和老师们一起分享一下自己的研修所得。两天的时间，我聆听了四位老师的报告，他们分别是武汉第十一中学的华林飞老师、驻马店市第一高级中学的张胜利老师、浙江信息工程学校的邹六根老师和全国著名家庭教育专家周慧玲老师。两天的时间，笔记记了一大本，照片拍了一大堆，要想把其中的精华提炼出来却感力不从心。我把学习材料都带回来了，一共五十五个课件，放在服务器中"大队部2014青岛班主任培训"文件夹内，感兴趣的老师可以一看。今天我就简单说说自己的感受。

一、我印象最深的

讲课的四位老师都提到了教师这个职业特别需要爱心和智慧。当学生遇到问题时，班主任一定不要去当压倒骆驼的最后一根稻草，而要第一个站出来去为学生减压。

二、我最感兴趣的

华林飞老师的报告中提到了关爱学生需要教育智慧的五个理由、十个建议和智慧型班主任的九点具体做法，并且都有具体案例和精彩点评，值得我们借鉴。他提倡要确立新的德育观：回归生活——生活世界，道德源头；凸显体验——道德体验，自主建构；关爱生命——关爱自己，关爱他人；讲究技巧——交往互动，互惠共生。他提出，在新时期关爱学生需要教育智慧。其方法有：以柔克刚，学会宽容与忍耐；鼓励期许，掌握有效的励志方式；制度创新，变人治为法治；温柔一刀，何须动雷霆万钧之怒；以善致善，让学生心灵接受洗礼；沟通交往，捕捉时机走进学生的心灵；和风细雨，构建和谐人际关系;关爱生命,找准关键点转化后进生;确立愿景,优化班级管理行为艺术。

三、我最欣赏的

张胜利老师身上有一点跟我们学校的孙兰香、王立峰两位老师很像,即有激情、有活力,充满正能量。我们做老师的就应该像张老师这样,对学生进行积极引导,赏识学生的优点,多鼓励,多激励,给予学生美好的期待;给学生以积极的心理暗示,在学生面前展示积极向上的东西,给学生以阳光、自信的人生态度,传输给他们正能量。班主任应该以激情点燃学生的激情,以人格塑造学生的人格,以精神培养学生的精神,以灵魂塑造学生的灵魂,以信念坚定学生的信念。要善待每一个学生,尤其是对于成绩暂时较差的学生,要善于挖掘他们的潜能。爱是教育的前提,教育的本身就是爱,要在与学生融洽相处中获得爱的力量,思想上产生共鸣,情感上达到共融,行动上达成共识。爱学生是一个合格教师的底线,要处理好师爱与严管的关系,用爱感化学生,用爱温暖学生,让学生快乐学习,快乐生活。张老师很重视班级文化建设,静态文化、动态文化、情感文化的建设和班会课的设计都值得大家借鉴。

邹六根老师有这样一句话:学生是"鱼",文化是"水",德育就是"养鱼"。他非常重视班级文化建设,提倡做"五心"班主任:真心、恒心、巧心、细心、信心。他提出,班主任要做到"三爱":博爱、仁爱、睿爱。

四、我最期待的

周慧玲老师的家校合作与家教指导讲座"既要耕好事业的田,又要育好自家的园——教师子女的家庭教育漫谈"值得我们年轻的老师看一看。周老师的课件中提到,表扬孩子时注意慎夸孩子聪明,多肯定孩子勤奋;慎夸孩子长得漂亮,多肯定孩子干得漂亮;慎夸孩子是最棒的,多肯定孩子是好样的。

五、结束语

最后,我以自己的教育格言来结尾,与大家共勉:用欣赏的眼光看学生,以宽容的心态待学生。

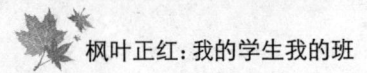

第四节　做有涵养的、幸福的班主任

——2016年2月16日在全校工作总结大会上的发言

尊敬的各位领导、各位老师：

新年好！

根据学校的安排，我今天的发言从家长会说起。

平日里我除了通过飞信、微信、电话、校讯通、学生作业本、家校联系本、表扬卡等方式向家长及时反馈学生的表现，更是充分利用家长会这个主阵地，让家长全面了解我们的工作，全方位多角度地感受我们的好，真正理解我们的做法，进而积极主动地支持我们的工作。接五(10)班一年半的时间，我一共开了四次家长会。第一次是四年级第一学期期末：因为是第一次和全体家长见面，我作了充分的准备，郑重出场，将自接班以来的第一个学期的学生的点点滴滴，分四大项三十七个小项，向家长进行了详尽的反馈，给家长留下了工作细致、善于发现学生优点的印象。第二次家长会(四年级第二学期期中)：我先指导八个大组长为本组每个同学写出评语，然后我逐人修改、完善，最后由大组长向家长介绍，给更多的学生提供了锻炼的机会。第三次家长会(四年级第二学期期末)，是由我分组分类、对比点评，让家长们通过横向纵向对比，帮学生找到努力的方向，同时坚定自己对学生的信心。我觉得开家长会也和我们平时给学生上课一样，要不断创新，让家长也有新鲜感。本次家长会，我改变了以往由主要发言人总结反馈的方式，改由全体学生积极参与，获得了家长的一致好评。

本次家长会也可以说是天时、地利、人和，时间是我们去即墨市青少年实践教育基地回来后的第一个周末，有话题了；又是我接这个班级的第二年，彼此熟悉了；有了前几次的形式，也该创新了。家长会之前，我把在基地给学生们拍的六百多张照片，分类别制作了四个炫拍发给家长：《快乐童年》(配乐《亲亲我的宝贝》)，《课间十分钟》(配乐《蓝精灵》)，《相亲相爱一家人》(配乐《相亲相爱一家人》)，《素质拓展》(配乐《我相信》)，让学生和家长一起重温当时的美好时光。家长会上，我首先向家长反馈了每一个学生的学习情况、平日表现、活动比赛情况，接着强调了安全，最后是重头戏——

班级特色活动展示。

1. 学生一分钟演讲。演讲的内容一周之前就告知学生,让学生充分准备。因为我们刚从基地回来,学生对那里的美好回忆津津乐道。我就让他们谈谈在基地生活的感受,把最快乐、最感动、最难忘的事情跟全体家长和同学一起分享。学生有说自己和同学间互相关心的,有谈老师关心帮助自己的,有讲自己成功喜悦的,还有表达自己的快乐的。无一例外,学生言语间流露出的是感动、感恩、开心,听众感受到的是温馨、温情、快乐,满满的都是正能量。在这个过程中,我对每一个发言的学生都给予了最真诚的赞美、欣赏和鼓励,家长、学生和老师的互动交流,更是洋溢着满满的爱。

2. 学生才艺展示。笛子合奏《清晨》《龙的传人》。笛子进课堂,这是我们的校本课程。全体学生展示给家长看。

3. 于昊妤京胡演奏。小姑娘每周要到青岛上课,为鼓励她好好学琴,我和家长约好给孩子展示的机会。

4. 大合唱:《我相信》,王松、张策、孙云超领唱。

最后我总结道:"相信自己,相信我们的明天会更好!"此时此刻,整个教室成了欢乐的海洋。这次家长会,中间还有个小插曲,那天正是我们五年级学生全市免费游泳培训的第二天,有一半的学生九点出发去游泳,需和家长一起中途离席,怎么办?我临时决定,去游泳的二十七个学生先进行一分钟演讲,然后集体展示。九点以后,游泳的学生走了,我开始组织其他的学生和家长继续开会。当时我即兴说了一段话:"我常常对孩子们说,我们要保持一个良好的心态,当我们不能改变事态的发展时就努力改变自己。像今天的家长会,说实话,一开始我感觉有些失落,总觉得这样不够完美,精心准备的家长会效果会大打折扣,可转念一想,大家都在自然是极好的,但是现在这样也有好处啊,我们站着的宝贝有福了,可以坐在爸妈身边了,是吧?"大家都笑了。我又举了我们生活中的一个小例子:在语文学科教师素养大赛课堂教学展示环节中,我们十个老师需要等待抽签,最终确定哪位代表我们备课组上课,决赛现场在录播教室。为了让学生做好充分的准备,我就说万一抽中了有多么多么好,去了我们要怎么怎么样,让学生感觉抽到了是多么幸运的事;相反,万一抽不到,我们就在教室轻松、放松地上课,也是一种幸福啊!我让家长知道,很多时候我会让学生觉得选A好,选B也好,这样就少了许多烦恼,学生也能平静地接受不同的结果。这次成功的家长会让我认识到：从家长的需要出发，设身处地地为家长着想，公平公正地对待每一个学生，家长对我们的满意度一定不会低。对了，那天还有三个家庭竟然父母齐上阵，一位带着孩子去游泳，另一位仍然坐在教室里开家长会，更让我感动不已。

在班级建设上，我努力让教室里的每个字都会说话。朱美英副校长经常说，走进我们教室，她就爱读一读我写在黑板上的两句话："安静的班级是文明的班级"，"把心放到身上，努力做最好的自己"。我班是七色花中队，我给学生的寄语是："每朵花都有自己的香气，每朵花都有自己的美丽。努力做最好的自己，散发出最美丽的香气！"我希望我们的班级就是一个充满希望的七色花园！

最后，我想用三个关键词来结束今天的发言，一是欣赏，二是宽容，三是信任。真正做到用欣赏的眼光看学生，以宽容的心态待学生，用真诚的信任对学生。少发火，少动怒，多一点沉静，多一点从容，营造一种愉悦的氛围，创设一种和谐的育人环境，让学生舒服，让自己舒服。

我希望自己能成为一个有涵养的、幸福的班主任。

第五节　分享亮点，汇报收获

——2016年8月23日在新学期全体教师会上的发言

尊敬的各位领导、各位老师：

大家好！

我今天的发言内容分两部分。第一部分：和大家一起分享一下自己上学期工作的小亮点；第二部分：向大家汇报一下暑期参加班主任培训的收获。

一、工作亮点

1. 不做便罢，做就做好

上学期，有三件事我们坚持做得很好：演讲、阅读、背经典。以早读三分钟演讲为例来讲，学生演讲的题目有：《兴趣，我的老师》《做时间的主人》《健康饮食》《书香伴我行》《劳动最光荣》《保护视力》《我运动，我健康，我快乐》《坚持就是胜利》《微笑的力量》《节水从我做起》《书中的智慧》等等，光看这些题目就挺吸引人的。内容更是精彩，摘录两段与大家分享。

"有时候，一分钟很长，我们可以从容不迫地完成要做的事；有时候，一分钟又很短，一次偷懒、一个走神儿，时间便悄无声息地从指缝间溜走。一位哲人说过：'时间会飞翔，而你就是驾驶员。'这句话告诉我们：要做时间的主人，把握好生命里的每一分钟。"——摘自王艺晓的《做时间的主人》

"运动，是身体的语言，是生命的呐喊，是超越极限的体验。来吧，亲爱的同学们，让我们走向运动场，走进大自然，走到阳光下，在运动中增强体质，在操场上磨炼意志，让运动成为我们终生的兴趣爱好！让健康成为我们全面发展的不懈追求！让快乐成为我们成长过程中的伴奏音符！"——摘自张策的《我运动，我健康，我快乐》

为了保证这项活动的效果，我们还成立了自己的评审团。刘欣贺主持，负责叫号、计时、收稿、加分，王艺轩、方冠华、吴雨桐、于茜担任评委，负责打分、点评。必要时大众评委举手表决、统一意见。每个学生都认真准备，表现非常棒。

本学期，除了将演讲进行到底，我们还将增加成语故事主题，孩子们可以讲成语故事，可以说成语出处，可以将成语编成游戏，可以成语接龙，可以看图猜成语，可以一个比画一个猜，在趣味中学知识。

2. 引导学生，站出自我

为了方便班级管理，每接一个新班，我都会组织学生共同讨论、商定班级公约，每学期根据执行的具体情况进行适当修改。到了高年级，在道德判断和道德认识方面，学生开始由他律阶段走向自律阶段。这个时候，我们应该充分尊重学生心理成长的规律，引导他们站出自我，用自己的判断与别人的判断理性对话。我改变了以往由我亲自修改公约的做法，而是把班级公约摆在了桌面上，组织全班同学展开了一次讨论会：我们的班级公约还有哪些地方不合理？为什么？怎样改进？我让学生充分讨论，然后汇总大家的意见，进行认真修改，直到每一个学生都感觉这个班级公约合理、可行。没问题了就公示，作为我们的行为准则，严格遵守，让它服务于我们的班级管理。整个过程，学生全员参与，每个人都是"立法者"，他们会觉得这不是老师在管他们，而是他们对自己进行约束。这样逐渐把班主任管理转变成班干部管理，转变成自我管理。

二、培训收获

今年暑假，我在南京师范大学进行了为期一周的班主任培训，收获很大，我提炼了三点。

1. 同理心

师生关系是当今校园里最基本最核心的人际关系，有良好的师生关系才能使教育产生效能，而沟通质量的高低直接决定着师生关系的好坏。我们做教师的，若能抱着同理心对待学生，学生就会愿意与我们沟通。同理心饱含真诚、理解和尊重，反映出教师思考问题的态度和解决问题的能力，它已成为教师身上最受学生认可和推崇的人格特质，是教师沟通学生的桥梁。是否具有同理心，标准只有一个，那就是：你对学生所做的一切是不是你希望别人对你所做的一切。以前我们强调"己所不欲，勿施于人"，现在要加上一点——"己所欲，慎施于人"。

2. "生活德育经典七问"

（1）发生了什么事？（站在中立的立场，不带感情色彩——你能做到吗？）

（2）你什么地方受委屈了？（理性化的问题，面对调皮的学生，面对让你头疼的学生,你还能做到吗?)

(3)可能你哪里做得让别人误会你了?(站在学生的立场来思考,给学生一个陈述表白的机会,你给学生了吗?)

(4)如果换种方式,你会怎么做?(当遇到困难时,换一种角度想问题,这样的方法你经常教给学生吗?)

(5)更好一点会是什么样的?(办法总比问题多,遇事多想想,这样的思维方式你有吗?)

(6)你希望我怎样处理这件事情?(学生有自己的思维方式和立场,我们曾给过学生自己来处理问题的机会吗?)

(7)你想听听别人的意见和感受吗?(在学生倾听的过程中,教给学生换位思考的能力。)

遇到问题时我们先别烦躁,可以试着体验一下这经典的七问,亲自感受一下智慧教育的魅力。

3.做学生的精神关怀者、重要他人

作为班主任,我们应该重视教学生求知、做人,更要注重与学生的思想、情感交流,要做学生的精神关怀者,从精神上关心学生,从思想上凝聚学生,从行为上引导学生,使学生的生命内涵不断充实,生命质量不断提高,成为终生幸福的人。让我们努力成为学生生命中的重要他人,这或许是教师的最高责任和崇高使命。这样,我们的职业生涯就会多些快乐、多些幸福、多些精彩!

最后,祝愿我们敬爱的领导、亲爱的老师身体健康,心想事成!谢谢大家!

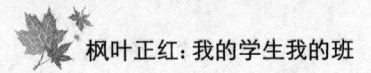

第六节 "国培"归来话收获

——2016年11月23日在全校班主任培训会上的发言

尊敬的各位领导、各位老师：

大家下午好！

今年10月10日至10月18日，我在东北师范大学参加了"国培计划（2016）"——示范性紧缺领域小学骨干班主任教师培训，二十八个省、自治区、直辖市的四十七名班主任参加了这次培训。我在东北师范大学待了九天，九天的培训很充实，我也收获了很多。今天向大家汇报一下。感谢领导给我这个机会，感谢学校给我这么大的讲台，感谢同事们在大冷天里温暖的陪伴。

我一共参加了五个理论性专题研修活动、八个实践性专题研修活动、五个团队建设活动、两个作业指导活动，还有一个生成性专题研修活动。我选印象最深的几点跟大家分享一下。

一、参观吉林省第二实验小学

在吉林省第二实验小学，我们参观了学校独具特色的班级文化和校园文化，观摩了优秀班主任杨帆老师执教的班会课，还跟郭卓和陈宏飞两位优秀班主任进行了愉快的交流，收获颇多。我特别欣赏郭卓老师的"让班风建设涵养生命成长"，温润的情感增强了班级的凝聚力，让每个学生有存在感、有价值感、有成就感；郭卓老师弘扬了正能量，让每个学生拥有了感受自然美和尊重生命美的情怀；更难能可贵的是，她能点拨学生理解生活中的不完美。这一切，带给我的是满满的感动。接下来，郭老师向我们介绍了她驱除不良风气的两个小妙招，更是让我佩服。我们真的要像郭老师学习，牵着学生的手，温柔地走过错误的路口。这一幕，想想都美好，真的很温暖。

二、东北师范大学心理健康教授王海英的"小学生学习动机的激发与维持"

王教授先给我们讲了学习动机的定义和类型，然后讲了影响学习动机的因素，最后讲了学习动机的激发与维持。我对"影响学习动机的因素"这部分内容中的"强化"最感兴趣,跟大家分享一下。

问一下咱们老师:"我们的孩子放学回家,您是赞成孩子先写作业再玩,还是先玩再写作业?哪种观点对?"

我们先来看一下巴甫洛夫条件反射实验:给狗食物前,巴甫洛夫会摇铃,久而久之,即便不给狗食物,只要摇铃,狗也会分泌唾液,这只狗在摇铃铛和分泌唾液之间产生了条件反射。这个实验在今天仍然在做,只不过换成了小白鼠。箱子的底部有一个踏板,与这个踏板相连的是一个放食物的装置,小白鼠可以自由活动,不小心踩到踏板,就有食丸滚出来,再踩,再吃,接下来它可能就会不停地踩踏板,吃食丸。于是实验者斯金纳得出这样一个结论:小白鼠在踩踏板和吃食丸之间建立了一种条件反射。斯金纳的小白鼠和巴甫洛夫的狗是不一样的,狗什么都不用做,小白鼠要操作踏板才能吃到食丸,所以叫操作性条件反射。小白鼠只有操作踏板,才能得到吃食丸的奖励。

正确的做法是什么?是先写作业还是先玩?写作业相当于踩踏板,玩游戏相当于吃食丸,这就是强化的依随性和普雷马克原理。强化总是在反应之后出现,也就是让学生先有反应、先有行为,我再给他强化。可能有的老师会说,他为了玩游戏,可能会不好好写作业,强化的依随性依据的是什么原理?是条件反射原理。一旦一件事情建立起了条件反射,对孩子而言,就养成习惯了,非常自然了。

根据普雷马克原理,强化具有相对性,我们要用兴趣高的活动来强化兴趣低的活动,绝不能用兴趣低的来强化兴趣高的。例如,一个小孩愿意喝牛奶,但不愿意吃蔬菜和水果,根据普雷马克原理,他只有吃了他不喜欢吃的蔬菜和水果,才可以让他喝到愿意喝的牛奶。运用强化时我们要注意以下几点。

1. 先有行为,后有强化,不能颠倒

举个例子,每年的寒暑假,我们都会布置作业。刚放假时,有的孩子会对父母说:"我累了一个学期了,放假了,您让我先休息半个月吧。半个月之后,我一定好好写作业。"家长觉得孩子累了一学期了,那就休息半个月吧。半个月以后,家长说:"今天开始写作业吧。"发现孩子磨磨蹭蹭地不爱写,有的家长就会生气:"你怎么说话不算数啊!你不都说了半个月之后要好好写作业吗?怎么不写?"为什么会出现这样的结果呢?原因是先休息的强化已经得到了,好好写作业对他来说已经没什么意义了。

2. 强化与学习行为之间的依随关系,要知道我们的强化是对他什么行为的强化

比如刚才的那个例子,我们让他先学习后玩游戏,我们会发现,他着急玩游戏,丢题、落题、错题现象比比皆是,我们怎么做?让他重写,不让他玩,只有达到了我们的要求后他才能玩游戏。刚开始,学生和家长之间的关系可能会搞得非常僵,但是久而久之,他就会建立起一种新的条件反射,那就是只有认真写作业才能得到玩游戏的强化。

3. 用喜欢的活动强化学生不喜欢的活动

一个四年级的孩子,每天回家要做两件事,第一件事是练半个小时书法,第二件事是弹半个小时钢琴。妈妈说:"你先练书法,练好书法之后,妈妈就让你弹钢琴。"妈妈以为弹钢琴比练书法有意思,但对这个孩子来说,弹钢琴比练书法更具有折磨性。如果这位妈妈这样做,会出现什么结果?结果是为了避免弹钢琴,书法也不好好练,两件事一件也做不好。

写作业时,建议孩子先做不喜欢的、较难的科目,再做简单的、喜欢的科目,这样有利于养成良好的学习习惯。

4. 不同的目的,运用不同的强化

为了快速建立起一种行为,我们用连续式强化。比如,接手一个新班,为了帮助学生养成好习惯,我们经常会采用连续式正强化,目的是快速建立某种好行为。

为了长久地保持某种行为,我们用间隔式强化。例如,一位五年级班主任发现班里的孩子不爱举手发言。班主任观察一周之后,第二周上课时说了这样一句话:"从今天开始,在我的课堂上,只要我提问,只要大家举手发言,不管你答对答错,我都给你加五分,等你积攒到五十分时,你会得到一个你意想不到的惊喜。"孩子们发言积极性大大增加,大家想看五十分会带来什么。这个措施运用半个月以后,班主任又说了下面的一段话:"从今天开始,在我的课堂上,只要大家举手发言,我仍然给你们加五分,但不是所有的同学都加,只有是你自己举手站起来发言,并且完全正确的情况下我才加分,否则不加。"这半个月,班主任运用连续式强化,迅速建立起学生举手发言的行为;接下来,他采用间隔式强化来保持孩子积极发言的行为。

5. 不要让学生抓到规律

举个例子,一位高年级英语老师为了加快提问回答的速度,就开火车"下一个""下一个"地提问。期中考试就是书上的题目,老师不明白,每次他提问学生都会,考试时却不会,问题出在哪里?如果让学生抓到规律,一旦叫起一个,后面的学生赶紧数自己该答哪道题,他只要把自己该答的题答对,其他的题目就跟他无关了。如果他数完后发现根本轮不到自己的话,那所有的题目都与他无关了。

我想到了我们语文学科检查课文朗读,一般会叫起几个学生,一人一个自然段。当学生知道自己读哪个自然段时,他的注意力会集中到那个自然段,有时甚至会不自觉地练起来。我印象很深的是:孙晶晶主任讲《少年王勃》一课时,她的做法是:她起头,让学生接读,这样每个学生都必须集中注意力跟上。

三、黄宝国的"差点教育"——为每一个学生的幸福人生奠基,让每个学生成为最好的自己

在借鉴高尔夫球差点制度以及对芬兰教育进行系统分析的基础上,黄宝国老师深入探索并提出了"差点教育",它的核心价值观是:尊重差异、理解差距、发展个性。

1. 尊重差异是教育公平的具体体现

真正意义上的教育公平,并不是绝对按同样的教育模式来对待学生,也不是使每个学生都取得同样的学业成绩,而是要承认差异、尊重差异,充分了解并把握每一个学生的特点,对其进行恰如其分的教育,让每一个学生能最大限度地取得应有的学业成绩。

2. 理解差距是客观现实的必然要求

学生间的差距是客观存在的,不以人的意志为转移。面对这些差距,任何整齐划一的做法都是注定要失败的。正确的选择应该是理解差距,正确对待差距,把差距当作一种资源来开发。作为教师,首先,我们应全面观察分析每个学生,关注他们的个性差异,了解不同学生间的差距,保护和调动每个学生的学习兴趣和积极性,善于发现和开发学生潜在素质和闪光点。其次,我们不能用一种标准去衡量所有的学生,要允许学生间存在差距,努力创设有利于学生发挥特长、张扬个性的学习环境。

"尊重差异,理解差距,发展个性",持这样的教育信念的我们,会在学生犯错误的时候懂得理解和包容,会随时发现身边的美并及时地做出反应。理解的教育带来尊重、鼓励、信任和赞美,理解的教育让每一个学生都能从中得到适合他的教育,让他有信心学业有成。我们要让每一个学生都享有出彩

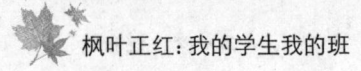

的机会、成功的体验。

四、于伟的"率性教育"——保护天性、尊重个性、培养社会性

东北师范大学博士生导师于伟教授给我们作了题为"时代·儿童·教育"的精彩讲座。他从"儿童成长环境的新挑战""儿童意味着什么""班主任的核心素养"三个方面分别进行了细致的讲解,让我们受益匪浅。于教授讲座中指出,儿童所处的时代是资源海量的互联网时代,是充满风险的时代,是文化反哺时代,是一个世界存在多种声音的时代。这种挑战性决定了我们必须不断地学习才能与时俱进。作为东北师范大学附属小学校长,于教授提出了"率性教育"的先进办学理念,并且在东北师大附小进行了卓有成效的实践与探索。他提倡遵循儿童身心发展规律和特点去促进儿童发展,保护儿童天性,尊重儿童个性,培养儿童社会性。在于教授眼里,儿童就是哲学家、艺术家、梦想家。在他的学校,我们看到了基于学生兴趣、打破班级年级界限的社团活动,主题鲜明的少先队活动,丰富多彩的社会实践活动,令人叹为观止。

印象最深的是他提出的班主任核心素养:有功夫、有情怀、有境界、有研究、有信念、有魅力,这一点对我启发特别大。今后,我们要努力做一个有扎实知识功底的人,做一个有民主作风、有仁爱之心的人,做一个有眼界、有情怀的人,做一个接地气的研究者,做一个有时代感、有亲和力、有感染力、多才多艺、阳光向上的魅力好老师!

道可顿悟,事须渐修。在今后的班主任工作中,我们要努力做到让每一个学生有存在感、有价值感、有成就感。

只有用心努力,一切才有可能;只要用心努力,一切都有可能。一起加油!

第七节 我这样开家长会

——2016年5月2日在学校班主任培训会上的发言

尊敬的各位领导、各位老师：

大家下午好！

朱美英副校长安排我跟大家交流一下如何开家长会的话题。

开家长会是咱们班主任必须经历的事情。说实话，咱们班主任挺不容易的，接了新班，都愿意给家长留下第一好印象，教了几年的班级，还想开出点新意。我的经验是：平时注意积累资料，家长会时就不至于手忙脚乱。

下面，我就通过几个小小的例子，说说我的具体做法。

1. 2010年5月，我教三（1）班，因为是新建校新组合的班级，为凝心聚力，我给家长提出建议："多鼓励、多肯定、多给孩子积极的心理暗示，让孩子学得轻松，学得快乐。"

我的发言摘要如下："如果咱们的孩子经常抱怨'没有人喜欢我'，那他就需要更多的赞美来肯定自己，这种对爱的依恋其实是缺乏自信心的表现。心理治疗师莫勒阿认为：'如果父母给了孩子足够的支持和肯定，那他们就能顺利地构建自我，而不需要他人额外的肯定。'我们做家长的可以当面表扬孩子，也可以借老师的嘴来表达对孩子的赞扬，这样影响面会更大些。举个例子：咱们班昊欣的妈妈就很会表扬孩子，记得第一单元检测结束后，我让孩子把卷子带给家长看，有什么要求和想法就写在卷子上，以便我更全面地了解孩子，更好地改进我的工作，也更有针对性地辅导孩子的学习。结果有很多家长没签意见，问其原因，不是家长不重视，而是孩子没给家长看。如果不论孩子成绩如何，我们都能给以鼓励，帮他分析原因，和他一起努力，他还能不给我们看吗？昊欣的妈妈是这样写的：'张老师好！昊欣最近语文成绩提高了不少，尤其是书写方面，写作业的态度也改变了不少，以前写作业好像是完任务，现在对写语文作业逐渐产生了兴趣，我们都感到高兴。'这段话对我和昊欣都产生了积极的影响。昊欣变得越来越喜欢学语文，成绩也越来越好。我呢，也因此格外关注她的学习态度和学习兴趣，发现优点及时表扬。这样良性循环，孩子发展得越来越好，我和孩子之间的关系也变得更和谐了。天翔的妈妈是这样写的:'天翔,有付出,一定有收获,继续努力,加油!'怡然的妈妈说的是:'很高兴看到怡然的进步!但也有一些可以避免或者说不应该出的错误,希望怡然能够再接再厉,有更好的成绩!'张卉的家长直接说:'孩子在学校应当积极完成老师布置的作业,认真学习,一年更比一年强!'天翔的优秀,怡然的稳步前进,张卉的进步,与家长的鼓励和引导是分不开的。这次期中测试后,又有近四十位家长在孩子的卷子上留下了和老师、和孩子交流的痕迹,留下了对孩子的肯定和赞扬、对老师的信任和感谢。感谢各位家长朋友的支持,我会更加努力,把工作做得更好,让我们的孩子发展得更好!"

"在班里,朗读课文的时候,完成作文的时候,写好批注的时候,我都愿意让学生互相交流,找找同学的优点,发自内心地去赞扬同学,这样双方都高兴,都有收获。我自己呢,更是随时随地地表扬孩子。"

"您可以说老师表扬你这方面好,那方面棒,如果我暂时没表扬到,而您又特别希望孩子能做到,您回去直接表扬就行了,不要怕咱孩子会骄傲得尾巴翘上天。试一试,可能会有您意想不到的效果。依我的经验,这样做只有好处没有害处。缺点今天可以不说,如果非说不可,也一定要委婉。今天,孩子们恐怕会忐忑不安地等着您哪!"

目的:引领家长多鼓励孩子,让孩子更好地成长,让班级得到更好的发展,同时促进师生关系、亲子关系更加和谐,家校关系更加融洽。关系好了,工作也就好做了。

2. 2010年11月,我教三(3)班,家长会开场语:"咱们班每个孩子都积极要求上进,都想为班级建设做贡献。有了这些班级小主人的努力,整个班级健康、稳步地发展,后面这一排奖状也见证了孩子们的努力。我姓张,担任语文学科的教学和班主任工作。数学老师胡老师,英语老师修老师,两位老师年轻有为,业务水平高,我们搭档顺心、合作愉快。我们有能力,也有信心,把我们的班级打造成一个优秀的团队,让每一个孩子得到健康、充分的发展。当然,这离不开各位家长的大力支持!希望我们精诚合作,让我们的孩子越来越优秀!"

目的:让家长对班级有信心、对老师有信心、对家校合作有信心。

3. 2011年5月,我教三(3)班,跟家长说的心里话:"三年级孩子挺不容易的,语文难度大大增加了,数学也进入了转折点,还加上了英语、品德与社会、科学、信息技术等学科,很多孩子不适应,表现为成绩下滑,更有甚者表现为焦虑、无所适从。咱们做大人的要体谅孩子的不容易,多关心孩子,不断地鼓励孩子,帮助孩子顺利度过这个特殊时期。因为我刚教过三年级,无论对学生的学习情况还是心理状况都比较了解,在学校有我,你们尽管放心。孩子在家的学习,还请爸爸妈妈多费心、多帮忙,听孩子读读课文,给孩子检查检查作业,陪孩子一起阅读,和孩子一同体验学习的快乐、一起享受亲情的温暖、一道回味成长的幸福。孩子就是我们的一切,为了孩子,无论付出多少都是值得的。"

目的:站在自己人的角度,设身处地地理解家长,帮助家长理解孩子,让家长对孩子充满信心、对老师充满信心、对自己充满信心。

4. 2011年11月,我教四(3)班,引领家长培养孩子"用心做事"的好习惯。我的发言摘要如下:"我们先从写好每个字做起,让漂亮的书写美化我们的人生。"

"光说'你要认真写字'是不够的,还得采取相应的激励措施,对孩子来说,就是得让他们看到自己努力的回报。小学生的思维比较简单,他们会为了物质满足而做许多不愿意做的事情。因此,当孩子不爱学习时,父母除了给孩子精神鼓励外,也可以适当给孩子物质奖励。适当的物质奖励,可以引导孩子把学习视为主观需要,使求知成为兴趣,使厌烦的心情变为兴奋,进而能够以更大的精力投入以后的学习中去。需要注意的是,物质奖励就像一把双刃剑,父母在利用这一报酬效应教育孩子时,必须要遵循一定的原则,否则,就会事与愿违。要以孩子的喜好进行奖励,有意义的奖励才有益,奖励也要有创意,不能频繁使用物质奖励。"

"我们也可以学学邹玉健妈妈的做法,把孩子写得漂亮的字使劲表扬,也可以学学王昊妈妈的做法,每天在孩子的作业后面写上一句话,或真诚地赞扬,或提出更高的要求;或者我们可以学着孙吉君和李杨妈妈的样子,每天在孩子的作业本上郑重地签下自己的名字。对孩子来说,那岂止是一个名字,那是妈妈对自己的关心啊;对老师来说,那也不仅仅是一个普通的名字,那是对老师工作无声的支持。"

"只要用心,我们每位家长都能想出适合自己孩子的最好的激励方法,帮助他们养成写好每个字的好习惯,养成认真做事的好习惯。"

目的:提出我们的建议,提供一些具体可操作的方法,让家长知道该怎样做。

5. 2014年1月,我教六(3)班,家长会结束语:"咱六(3)班是一个团结上进、充满活力的大家庭,每个孩子都有自己的个性,每天精彩不断、好戏连连,我越来越喜欢!我知道,豹子有豹子的速度,蜗牛有蜗牛的尊严。不制约豹子,也不打击蜗牛,教育的天空才会是一片宽容的蔚蓝!我们曾考过一篇阅读:'当海浪打来的时候,小灰雀总能迅速地起飞,它们拍打两三下翅膀就升入了天空;海鸥总显得有些笨拙,它们从沙滩飞入天空总要很长时间,然而,真正能飞越大海横过大洋的还是它们。'孩子们接受能力不一样,不要因为自己孩子暂时落后就灰心丧气,甚至指责打骂。只要我们的孩子对学习抱有兴趣,不断努力,就一定会成功。孩子学习是艰辛的,这是一个爬坡过程,一旦上了路,对于咱们每个家庭、对于老师,都是一件幸事。在这个过程中,我们做老师的自然要竭尽全力引导、帮助他们,如果再能得到家长的帮助,那孩子将多么幸福!我愿意给孩子们提供一个宽松的空间,让他们健康、快乐地成长!我希望咱班每一个孩子都发展得更好,希望他们每天都好,今天比昨天好,明天比今天好,一天比一天好,一生都好!"我最后祝大家:新年快乐、阖家幸福!

目的:让家长感受到我们对孩子的欣赏、对班级的喜欢,感受到我们对孩子真诚的祝福,拉近和家长的情感距离。

6. 2016年1月,我教五(10)班,我把给孩子们的寄语说给家长听:"我们七色花中队,每朵花都有自己的香气,每朵花都有自己的美丽。努力做最好的自己,散发出最美丽的香气!"

目的:在我们眼里,每一个孩子都是一朵花,每一位家长又何尝不是呢!欣赏每一个孩子,尊重每一位家长,家校携手助力孩子成长!

还有一些小的细节,比如英语老师赵丽凤说到自己时很谦虚,我及时补上一句:"赵老师谦虚了,其实她是这样的(边说我边竖大拇指)!绝对的!"

目的:班主任和任课教师之间互相配合,有助于良好班级氛围的建设,有助于每一个孩子的成长。

以上这些,希望能带给大家一点点启发。谢谢!

第二章

总结篇

第一节　2011年6月26日三年级(3)班班主任总结

忙忙碌碌，又近期末；点点滴滴，似在眼前；回顾工作，感慨万千；总结得失，以利工作。

一、亲近学生，树立威望

"谁爱孩子，孩子就会爱他，只有用爱才能教育孩子。"作为班主任，我体贴、关心学生，和他们进行亲密的思想交流，让他们真正感受到老师对他们的关爱。这是我顺利开展一切工作的基础。

二、制定奋斗目标

学期初，我结合自己班的实际，带领学生制定班级的奋斗目标：积极争创优秀班集体、静音站队带队示范班、卫生示范班等。在实现班集体奋斗目标的过程中，我充分发挥班集体每个成员的积极性，使实现目标的过程成为学生教育与自我教育的过程。每一个集体目标的实现，都离不开全体成员的共同努力。我让他们分享集体的欢乐和幸福，从而形成集体的荣誉感和责任感。除了集体目标，我还组织学生根据自己的实际情况制定个人奋斗目标，将个人小目标和集体大目标结合起来。

三、培养良好班风

一个良好的班集体要形成正确的舆论和良好的班风，去影响、制约每个学生的心理，规范每个学生的行为。正确的舆论是一种巨大的教育力量，对班级每个成员都有约束、感染、熏陶、激励的作用。平时，我注意培养正确的集体舆论，引导学生对班级生活中一些现象进行议论、评价，形成"好人好事有人夸，不良现象有人抓"的风气。同时，我注重培养学生的行为规范，抓典型，树榜样，在班级中开展评比激励活动，形成互争互赛的竞争氛围，让学生通过竞赛看到自己的闪光之处，明白自己的不足和今后努力的方向。

四、细化班级管理

抓在细微处，落在实效中。班主任工作只有细致入微，才能使班级管理见成效,而在细致管理的基础上还应充分发挥民主。作为班主任,我有意识地让学生参与管理,为他们创设各种展示机会,充分调动全班每个学生的积极性,形成民主管理氛围,使学生的自我表现心理得到满足,民主意识得到培养,管理能力得到增强。本学期我仍然实行值周班长制。学期末,评选出王昊、吴双、李方中、黄栩慧等优秀值周班长。在班干部中,我定期开展批评和自我批评,让大家意识到当班干部不是为了一时的光荣,而是应该以身作则,成为班级中各方面的典范。对于各方面不太自觉的学生,我请小干部和他们结成手拉手小伙伴,班干部进步的同时也要帮助这些学生一起进步,效果很明显。

五、积极参加活动

我积极组织学生参与学校组织的各项活动,取得了累累硕果。于子奕乒乓球比赛第一名,王昊、孙德象棋比赛一等奖,跳绳团体赛第一名……更重要的是,孩子们学会了相互关心、相互尊重、相互理解和团结协作。一系列活动提高了学生的合作能力,增进了同学之间的友谊,也增强了班级凝聚力。

新的学期,我会努力探讨班主任工作新路子,充分发挥小干部的作用,引导学生把遵规守纪真正内化为自觉的行动,进一步提高自己的班级管理水平。

第二节 2011年12月26日四年级(3)班班主任总结

我是第二年教这个班级，学生的表现我了如指掌，因此开学第一周就走上了正轨。虽说班主任还是原来的班主任，学生还是原来的学生，但是学生是不断发展的个体，所以我不是完全延续去年的做法，而是在此基础上有所创新。

一、团队评价

我将全班划分为八个小组，由八个得力的干部担任组长。组内所有学生共荣共辱：集体任务完成得好，比如说作业全部交齐、集体遵守纪律、每个人都做到了自主学习等，或者小组内某个成员为班级作出了重大贡献，奖励该组一个"笑脸"；反之，则送给该组一个"哭脸"。一月一评选，优胜小组会得到老师的神秘礼物，让每个学生对自己的未来充满期待。

宋慧组是第一个月的优胜组，我奖给他们组八张精美的垫板，由组长亲自发给每个组员。领到奖品，他们欢呼雀跃。其他小组羡慕了："还真奖励啊！"看着他们动心的样子，我笑了，我知道接下来他们会怎么努力了。

于子奕组因晓辰、俊龙、家睿三名学生未及时上交练笔连得三个"哭脸"后，其他成员沉不住气了："我们组三个'哭脸'都是因为他们三个不及时交作业！"我说："我知道你们很生气，希望他们三个以后能好好表现。"那三位马上低下了头。看着其余五位生气的样子，我开始为他们支着："你们也别着急，咱们一起来想想办法，要不你们给他们的父母写封信，写'麻烦叔叔阿姨督促孩子按时完成作业、及时上交作业，别再为我们组扣分了'，写完后我也签上名字。不过，你们得征求他们三个的意见，看需不需要麻烦他们的父母。"那三位一听，连连摇头："不需要，我们能交上！"以后的练笔如期交上了，能不交吗？还有等着"告状"的呢！

第二个月，黄栩慧组和管誉昊组全是"笑脸"，这两个组得到的奖励是我准备的两包书，一包是凡尔纳科幻作品和淘气包马小跳系列，一包是分类作文大观。每人分一本，一天一换，八本书全部看完再还给我。以后的小组，或

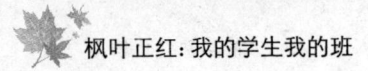

得到了到操场玩的机会,或得到了优先选看图书的权利,或争到了在读书交流会上的表演名额。

二、纪律方面

1. 突出重点,突破难点

根据三年级一年的观察,我发现不守纪律的总是那么几个人,其他的学生表现令人满意。于是,我在班里搞了一次无记名投票,调查乱说话、不守纪的有哪些学生,结果不公布,但我自己心里有数。平日里我重点关注:站队时,课间里,就观察他们这几位怎么表现。我还请其他学生帮忙,什么话不说,就是静静地监督他们。几个人监督一个人,被监督的自然压力大,"放肆"的行为也收敛了许多。我见好就收,这个办法不能长期用,以免把他们孤立于集体之外。

转化纪律后进生不是一日之功,对此我深感头疼。路队中、课堂上,总有憋不住非要乱说话的,也暗示,也提醒,也批评,就是没取得好效果。工作中,我注意区别情况,分别做工作。既然管那些影响别人的学生不能解决问题,就先做被影响的学生的工作,鼓励他们稳住阵脚。我告诉他们:"你们不受别人影响,就是对班级的贡献,就是对老师的帮助。"我先稳住大局,接下来"各个击破"。几个后进生中,有的是经常带头闹,有的常常是"胁从";有的没有学习的愿望,有的还想学;有的完全不能控制自己,有的有时能控制住自己;有的唯恐天下不乱,有的则基本是属于淘气;有的家长完全失控,有的家长还能管得了他。这样区别对待,效果比较明显。

2. 奖惩分明

平时,按照班级量化积分细则,该奖就奖,该扣就扣,由值周班长负责。

另外,学校大队部奖励我们班一分,每次每个学生加十分;大队部扣除哪个同学二分,他的量化积分就要被扣掉二十分。每个学生都感受到班级的荣誉与自己息息相关。

三、卫生方面

我们把全班分成两大值日组,分单月、双月值日,每组配上一个卫生委员,既查活干得怎样,也看是否在规定的时间内回到教室。一个月的值日工作结束后,评选出十位卫生标兵,发喜报予以表扬。

四、重视活动育人

无论是大队部组织的德育活动、艺体组组织的艺体活动,还是教导处组织的教学活动,我班都积极备战,精心组织参赛,并且取得了可喜的成绩。我班在常规管理活动月中被评为静音站队示范班、卫生示范班、课间纪律示范班;在数学说理大赛中获"优胜班级"称号,五人中有四人获得满分;在秋季运动会上,获得优秀方队、团体总分第一名、接力第一名;在"礼仪让生活变得美丽——小小主持人演讲比赛"中,王昊担任主持人,于子奕、管誉昊获一等奖,孙湘钧获二等奖;在"家务劳动大比拼——擀饺子皮比赛"中有近三十人获得"家务劳动小能手"称号;于子奕、王昊代表学校参加即墨市乒乓球比赛;在冬季长跑比赛中我班获得团体总分第一名,其中高忠昊、王昊分获男女生第一名。这些活动的扎实开展,增强了班级凝聚力,培养了学生的责任感,锻炼了学生的动手能力,增长了学生的知识,开阔了学生的眼界。

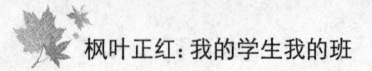

第三节 2012年6月28日四年级(3)班班主任总结

一学期的班主任工作在忙碌中转瞬即逝,又到了盘点得失的时候了。我主要从两个方面加以总结。

一、主要成绩

1. 团队评价

我将全班划分为四排,排内所有学生共荣共辱:集体任务完成得好,比如说作业全部交齐、集体遵守纪律、每个人都做到了自主学习,给本排加一分,积满十分换一个"笑脸",若小组内某个成员为班级作出了重大贡献,则直接奖励该组一个"笑脸","笑脸"就张贴在文化墙上。各排拥有自己的领导班子,班长、副班长、学习委员、体育委员、卫生委员、早读领读、眼保健操监督员、课前准备检查长、午读负责人,班子成员分工合作,完成自己排的一月当值任务。全体成员团结一心,共同为班级建设献计献策。当值结束后,由其他三排的学生加以评价,评选出优秀干部,加分表扬,计入班级量化成绩。这样给了更多的学生锻炼的机会,增强了每个学生的主人翁意识,提高了他们自我管理的能力。一学期下来,除了于子奕、管誉昊、孙湘钧、王昊等四位得力的班长外,还培养出了张亚萍、李杨、黄栩慧、张佳蓓、管欣乐、杨毅轩等十多位工作能力强又有责任心的好干部。

2. 个人评价与集体评价相结合

学期初,由全班学生共同研究、讨论、制定了班级公约,让每个学生明白:班级是我们温暖的家,生活在这个大家庭中多么快乐!我们都是集体的一员,集体的目标靠我们共同实现,集体的荣誉靠我们共同来维护。在以后的日子里,我们靠公约的力量来约束学生,进一步强化学生的规则意识,取得了比较好的效果。根据对班级公约的遵守情况,我们对每位学生进行方方面面的量化,一月一统计,一月一公布,期末来个总评,分数直接和期末评优挂钩。本学期,得分最高的是王昊同学。当然,这个分数也不是万能的,四年级孩子的年龄特点决定了它的局限性,他们既不像低年级学生那样容易被

"吓住",也不像高年级学生那样有较强的自制力。他们一方面相信自己能做到遵守公约,另一方面又控制不了自己,理想和现实之间经常存在一定的距离。即使这样,我也坚持做下去,相信在潜移默化的影响中,学生的规则意识会逐渐增强,并且内化为自觉行动。

3. 注重细节

在班级管理中,我充分关注了细节,取得了令人满意的效果。这学期,我仍然坚持设立班级小主人的做法。其中有四组做得最令我满意。一组是周群和于萱,分管清洗接水盒。他们每天早上检查接水盒,不仅把盒子内外刷得干干净净,连接水盒底下也刷得很干净。万一他们忘了,还有卫生委员会及时提醒他们,绝对不会耽误。一组是孙德和董俊龙,分管楼梯窗台上的绿色小草皮。第一个月,这项工作是由我亲自来做的,他俩只是我的助手。再后来,他俩接手了。不用我提醒,上学时,课间,放学后,他们都会留心观察,发现问题及时处理,还曾经得到大队部的表扬呢!一组是梁盛坤和金昊,分管桌椅维修,不用我格外费心,他们就把这项工作干得非常好。还有一位是宫婕同学,她负责检查拖把在不在,是否挂好了,绳和标签有无损坏,有了这位保护神,拖把可安全了。这些班级小主人的共同特点是责任心强,充分尊重了老师给予他们的信任。当然他们也不是白出力,每月都会得到五分的加分。实践证明,充分信任学生,会激发他们的潜能,让不可能变为可能。

二、存在问题及改进措施

今年我们班课堂常规不如上学期,经过反思,我找到了原因:期初一个月学生的常规管理工作没做实。开学初,我们学校承担了青岛市小学语文探究体验式教学法教学策略现场会。我接受了排演学生才艺展示节目和校教研组听评课两项任务。这两项任务占去了我绝大部分的时间和精力,以至于影响了我的正常教学工作,也影响了班级的管理。对此,我也很苦恼,但为了学校的大局工作,我必须迎难而上。现场会结束后,我也尽了全力来重整旗鼓,但是见效很慢。养成一个好习惯得一个月,而毁掉一个好习惯几天足矣。这件事给了我很大的教训。为什么学校非常重视期初的常规教育月?就是因为知道这一个月对整个学期班级管理的重要影响啊!俗话说,良好的开端是成功的一半!

下学期,我一定会吸取这个教训,重点抓好开学后第一个月的班级常规管理工作,为整个学期班级的良好发展奠定基础;根据学生的年龄特点,进一步修订班级公约,让公约条数更少,内容更简练,便于学生记在心中,随时指导自己的行为;进一步精简班干部,选精兵强将,加强培训,提升班干部道德素质,提高班干部管理水平,确保班级的健康发展;进一步加强理论学习,努力提升自己的素质修养,尽力提高自己的管理水平,改变自己的工作方式,采用灵活多样、学生乐于接受的教育形式,做一个智慧型班主任,为让自己成为一个学生喜欢、家长信赖、学校满意的班主任而努力奋斗!

第四节　2013年1月6日五年级(3)班班主任总结

这个班我已经连教了两年,今年是第三年教。我熟悉学生,学生也熟悉我。学期初,我想我得想一些新点子,让他们对我抱有新奇感。但是,哪有那么多新点子可想啊,我还是从学生熟悉而有效的方法开始了。加分、奖章、"笑脸"、夸张的表扬、报喜的短信,个人争先奖、小组团队奖、整排捆绑奖、全班集体奖,班主任表扬、任课老师赞扬、学校领导激励、家长配合赏识,多种方式轮番上阵、协调配合、共同发力,让学生不断地体验到成功的喜悦、进步的快乐,也让我们班的凝聚力越来越强。合唱第一、接力第一、投篮第一、乒乓球第一、冬季长跑第一,孙湘钧讲故事获即墨市三等奖,于子奕乒乓球获即墨市第五名、短跑获即墨市第六名,宋雨铅球获即墨市第四名、垒球获即墨市第八名,高忠昊1 500米、3 000米均获即墨市第五名,王昊冬季长跑获即墨市第五名,孙湘钧和管誉昊参加"两岸同题作文比赛"连续闯过复赛、决赛,双双获得赴台交流资格,在"红纺杯"征文比赛中孙湘钧和于子奕获即墨市三等奖、孙迅获得优秀奖,管誉昊、孙湘钧、于子奕、王昊顺利入选半岛都市报小记者团,其中管誉昊的作文发表在《墨城新闻》上……奖状一张张地上墙,喜讯贯穿着整个学期,但班里的浮躁情绪也悄悄地蔓延。

临近期末,按说应该是我们师生最忙碌的时候。我们老师的确在忙,忙着出题、忙着批卷、忙着调动学生学习的积极性,而学生却不像我们想象的那样忙,他们没有了平常的按部就班和忙碌充实,倒多了一份放松。我着急了,想方设法调动学生的学习热情,效果却不明显,那些曾是法宝的招数已失去了刚出台时的魅力。一天,突然受报纸上一篇文章的启发,我在班里搞了一个小小的主题班会,却收到了意想不到的效果。我先抛给学生一个话题:学习到底是老师的事还是学生的事?简单地讨论后,大家得出了结论:学习主要是学生自己的事。因为,受益终生的是学生,老师只是学生学习的帮助者和引导者。我跟学生"坦白":"作为老师,我们的确想调动每一个同学的积极性,可是不容易啊!你想,老师一个人要对这么多同学,又要讲课,又得顾及每一个同学,有时候出力还不讨好,惹得你们烦,我们也很苦恼啊！如果换一下就不是这样了，全班同学对一个老师，一个眼神、一个微笑、一次工整的作业、一份满意的试卷……哪一个都足以调动起老师的积极性。平常都是老师调动你们的积极性，今天我们来个反弹琵琶，你们来调动调动我们的积极性吧！"学生们马上展开了热烈的讨论。有的说："课前做好充分的准备，准备好学习用品，精神抖擞地静候老师来上课，会使老师有个好心情。"有的说："在课堂上做与课程无关的事会影响老师的积极性，因为这会让老师感觉你对他不够尊重，所以听课时我们要保持安静，眼睛看着老师，专心听讲，不随便说话，该发言的时候要踊跃，紧紧跟上老师的步伐。"有的说："课堂上我们要和老师积极互动，老师讲完一个知识点，我们可以用点头或大声的回应告诉老师自己听懂了，既不耽误时间，课堂也不会死气沉沉。"有的说得更好："我们可以用声音来欢迎老师，用行动来吸引老师，用尊重来感动老师。我们取得好成绩或者进步了，也可以夸奖一下老师，因为赞美会让人有成就感。"大家充分发表意见后，各个小组还把自己小组每个成员的建议写在了纸面上，共提建议一百多条。这些建议涵盖了方方面面，其细致、周到令我惊叹。

然后，班长带领大家把这些建议总结成《调动老师积极性的十条建议》，其实，这些建议都是我们平时希望学生做到的，可当学生自己说出来时更容易接受些。这以后的日子里，班上逐渐发生了一些可喜的变化：地面干净了，插头插上了，黑板擦好了，课前准备充分了，课堂回应积极了，师生关系也越来越融洽了。

作为班主任，我们在对学生进行思想教育，尤其是教育有了相对独立性的高年级学生时，一定要注意方式方法，少一些直白说教，多给他们一些亲身体验、感悟、自省的时间与空间。只有当学生从内心真正理解、认同了我们的教育时，才能产生事半功倍的效果。

第五节　2016年12月26日六年级(10)班班主任总结

2016年，对我来说，是忙碌而充实的一年，是成长和提升的一年。感谢长江路小学这个高大的平台，感谢我身边帮助我、爱护我的同事，感念我的学生和家长。一路走来，有您相伴，我很幸运，很幸福！

一、我的语文我的课

本学期我们语文学科进行了古诗教学策略和作文指导讲评的教学研究。庄媛媛、修红岩、吴淑芹、刘彩茶四位老师分别执教公开课。值得骄傲的是，我们组就有三位。近水楼台先得月，我们亲历了研究、磨课的全过程，收获特别大。媛媛的古诗教学让我们对送别诗教学有了更深刻的了解，将我们学校的古诗研究推向了一个高潮。我自己感觉收获最大的是关于送别诗"意象"的研究，互动评课的时候我承担的就是这部分内容，所以查阅了大量的资料，进一步感受到我们中华民族传统文化的博大精深。淑芹的"童年趣事"、彩茶的"让选材与众不同，让细节点亮全篇"，更为我们的作文教学提供了成功的范例。其中，选材小诀窍（选别人所不选的、选适合描写动作的、选过程艰难的）和动作描写小诀窍（一连串的动作描写、加上表现人物的修饰词、与心理、神态、景物等其他细节描写相融合），指导性、实用性很强，给了老师们极大的帮助。

学了就用！在习作赏评方面，我也做了大胆的尝试。我非常乐意和学生一起分享他们习作的快乐。草稿交上来以后，我逐篇看，给学生的习作初步判定等级，分别用一、二、三、四颗星表示，最好的画四颗星；然后我重点看三星级和四星级习作，从中寻找亮点，无论是题目、词语、句子，还是选材、细节、结构、表达手法、画面感，只要可取，我都用红笔标记出来。接下来就到了我们师生最期待的分享习作的时刻了。我把学生习作中的亮点在大屏幕上一一展示，有时先请亮点主人起立，让他尽情沐浴在同学们羡慕的目光里；有时先出示亮点文章，让大家猜猜是谁的大作，然后请亮点主人隆重登场。四星级的文章则有机会全篇朗读，大家一起来欣赏，为文章作者喝彩，为他鼓掌。我呢，也毫不吝啬地送上自己的赞赏，一堂作文赏评课经常上得神采飞扬。这样的课堂，学生喜欢，老师高兴，一举两得，何乐而不为？接下来的修改时间，学生就会自觉学习别人的亮点，改正自己的不足，积极主动地自改互改，确保了作文修改的有效性，同时减轻了我的负担，我就可以在那些习作困难生身上投入更多的精力。就习作而言，我认为，发现优点比指出问题更重要，我更愿意做的是努力发现学生习作中的优点，告诉他们哪里好，这样有利于保护学生的习作积极性，让他们对习作有持续的兴趣。我把优秀的习作结集展示，特别优秀的向报纸杂志推荐，更给了学生莫大的鼓励。其中，范新怡的《风雨过后见彩虹》、刘柳和张青云的诗歌作品同时在《长江报》上发表，刘柳的《餐桌上的爱》发表在《即墨教育》上。

二、我的做法我的思

今年，我们班把"三分钟演讲"变成了"我们的五分钟"，并且和读书节活动结合在一起，取得了最佳效果。讲精彩故事，谈读书感悟，津津乐道，一人分享，全班受益。我们班还和听记结合起来，一人讲完，其他同学谈自己的感受；演讲人现场出题，听众现场答题。这样一举多得，使演讲效益最大化。

最自豪的还是《多一点诗意》诵背。期中之前，我是每周集中布置一到两首，周二早晨经典诵背时间集中检查，每次除五六个学生之外，其他学生均顺利过关。虽扎实，但效率太低，已满足不了很多学生的需要。期中之后，我改变策略，展开竞赛，你追我赶，看谁最先背完五十首。周二早上，四排竞赛，每背完一首，自己得小奖励，同时也为自己排积分，这下子学生的积极性起来了，第一次竞赛最多的一排背了十六首，四排总数为四十八首。比赛小结时我说："我以前的六年级（3）班的记录是七十首，大家回去使劲背，看看能不能破纪录。"第二次比赛，七十四首；第三次，竟然达到了八十二首！孩子们的能量真是大得喜人！截至12月下旬，二十二人将所有的古诗全部背过！全班共背过古诗一千八百余首、文言文一百三十余篇，可喜可贺！最可喜的是，孩子们背诗的兴趣浓、热情高。

三、我的团队我的福

今年的我，很忙碌，要培训、要学习、要开会；今年的我，很幸福，有栾淑英、有庄媛媛、有于江晖，还有六年级级部这个大团队。我很喜欢这样一段话："遇到一个人，打破你的思维，改变你的习惯，成就你的未来——他就是你的贵人；遇到一群人，点燃你的激情，觉醒你的自尊，支持你的全部——他们就是你的团队；遇到一个平台，唤醒你的责任，赋予你的使命，成就你的梦想——它就是你的事业。"

我喜欢我们十人组六年级语文小团队，一起研究，一起快乐，一起承担，互帮互助，共同提高。组里无论谁遇到困难，大家都会尽全力帮忙，绝不会丢下一个。10月10日至10月18日，我外出参加了"国培计划"骨干班主任培训，此时的家里正为市运会观众队忙得不可开交。"百年不遇"的忙碌中，团队其他成员还得替我上课、帮我分担。兄弟姐妹们辛苦了！最想感谢的是栾淑英老师和组长庄媛媛，栾老师无怨无悔地替我承担了繁重的班主任工作，班长每天晚上把班里的情况向我汇报，每天都提到栾老师尽职尽责地把班级管理得很好，让我尽管放心学习。媛媛则协调全组的老师们帮我上好每一节课，安排不开时就亲自替我上，学生们都说庄老师最辛苦！远在千里之外的我每天感受着来自家里的温暖，感觉真的幸福至极！

我更喜欢我们同处一个办公室的五人组小团队。淑英幽默，高宁热情，江晖稳重，媛媛美丽善良又勤快、有心有爱有才华。今年媛媛当备课组长，我们六年级语文组出奇地忙，五个集备都作为校级研究示范课。她要指导、要听课、要磨课，耗费了大量的时间和精力。临近期末，我们团队还承担了"我们的节日——春节"经典诵背节目的演出任务，这个节目我们六年级语文组占了半边天，我们都自豪着呢！一次次的彩排，一次次的打磨，工作、教学两不误。忙碌中，经常见缝插针，出个卷子，批个听写，媛媛常说的一句话是："大家都很忙，我得空就干点。"每天，她都早早地来到学校，把办公室打扫得一尘不染、清清爽爽，烧上水就开始备课、制课件，从来不耽误分享给我们课上用。在这样的团队里，我真的很幸福！

四、我的学生我的班

1. 创意一——优点卡

本学期的家长会，我给学生写优点卡的做法给家长们留下了深刻的印象。这是十个班重新组合的班级，开学第一天，我就发给每个学生一张稿纸，让他们自己找优点，写下来，完成自己的优点卡，然后收到我手里，作为我了解孩子的第一手资料。我会在班上适时地表扬学生，宣传正能量。家长会之前的一次班会课上，我带领学生在小组内给每个组员找优点，并且写下来，完成"同学眼中优秀的我"，同时给家长布置了一个"我给孩子找优点"的作业，开家长会时带来。第四份优点卡由我亲自完成。家长会上，四份优点卡都交给家长,让家长全方位多角度地了解自己的孩子,尤其重要的是家长在看这四份优点卡的时候心情非常愉悦!家长最后把优点卡交给孩子,让孩子慢慢地欣赏、细细地体味,这个过程,孩子们的喜悦溢于言表。我的目的是让每个学生都能做到自我欣赏,都能感受到自己有别人欣赏,更重要的是能发自内心地去欣赏别人,让每个孩子都能在欣赏与被欣赏中愉快地生活,快乐地成长。

2. 创意二——天使计划

期中以后,我们又开展了天使计划,给每个学生发一张彩色纸片,让大家在上面自己画上一颗心,心上画上两只翅膀,心内写上自己的名字,折好放进小天使箱子里。大家轮流抽签,抽到谁,自己就是谁的天使。活动时间为期三个周(正好到元旦联欢会揭晓),因为天使是隐形的,所以接下来的日子,天使只能默默地、悄悄地关心帮助别人。天使不会告诉别人自己是谁的天使,也不会因为抽到了不喜欢的人而拒绝关心他。学生还邀请栾老师和我参加了这个幸福的计划。这项活动以"帮助别人,快乐自己"为目的,让学生感受到了互相关心、互相帮助的魅力,增进了学生之间的感情,增强了班级凝聚力,让六(10)班成为一个其乐融融的大家庭,整个班级洋溢着一种浓浓的情意,一种暖暖的感觉,一种甜甜的味道。

元旦联欢会上,我们还为"最贴心小天使"颁发了小礼物。

3. 创意三——赶大集

我把学生平日在校方方面面的表现加以量化,加五到十分不等,满十分换一个奖章,可以代币。新年来临时"赶大集",将自己读过的书、玩过的玩具,将自己的书法、绘画、手工作品等拿来卖,培养学生的经济价值观,从身边的小事做起,不浪费自己的物品,自觉养成节约资源、爱护环境的意识和良好的行为习惯,响应低碳生活,提升学生的综合素质。这样在学生之间营造一种温馨、温暖、温情的感觉,增进学生之间的友谊,打造幸福、快乐、和谐的班集体。

一系列活动的举行,增强了班级凝聚力,增进了学生之间的友谊,更重要的是拉近了师生之间的情感距离,使整个班级成为一个温暖和谐的大家庭。

五、我的反思

在组织活动的同时,我应注意班级的浮躁情绪,过犹不及,同时要考虑活动的适切性。

  我应继续放手,培养学生自主管理的能力,将自己从繁杂的班级事务中解放出来,多做些研究工作,争取事半功倍的教育效果。

  我应多读一些教育学、心理学书籍,探索一条富有心理健康研究特色的班主任工作之路。我应关注发展学生的核心素养,关注学生社会主义核心价值观养成教育;关注热点事件的德育效应,注重德育的时效性、实效性,体现德育理论和德育实践相结合的特点;研究社会、家庭、学校和学生自主教育的结合,关注学生终身学习和终身发展,形成教育合力。

第六节 2018年1月6日五年级(3)班班主任总结

这个学期,对我来说,是一个不同寻常的学期。忙忙碌碌,走走停停,还好,心里的彩虹一直都在。

因为班里有四个非常特别的孩子,四位各有各的"过人之处":毫无忌惮,口无遮拦,心无城府,随心所欲。因为他们的存在,整个班级不仅难得片刻安宁,而且显得"热闹非凡"。五(3)班,每天都在发生不同的故事,每天都在上演别样的"剧情"。

一、家校沟通

针对这个班的特殊情况,我充分利用家长会跟家长做好沟通:"今天的家长会就让我们从聊天开始,聊聊我们的老师、我们的孩子、我们的班级。先从咱们班的老师团队说起。咱班的师资配备绝对是全校最具刚性的,十位老师中,六位男士,四位女性,刚柔相济。这十位,不是主任就是教研组长、业务骨干,包括我这个班主任,都是学校领导精心挑选的。为了这个班所有的孩子和家长,学校拿出了最大的诚意。即便是这样,恐怕也不能令我们所有的家长百分之百满意,但我们都会尽自己最大的努力。我常常劝自己,无论遇到多大的困难,我都要坚持住。因为我不是孤军奋战,我的身后有您,您的理解、支持和肯定是我最大的动力。再说说咱班孩子,第一天见面,我送给大家一句话:'让人们因我的存在而感到幸福!'为了从正面引导孩子,我经常在班里说,'因为有谁谁谁,所以张老师很幸福'。很多时候,即使没那么多幸福,我也要苦中作乐,努力寻找幸福。三个周之后的一次突发事件,让我清醒地认识到自己过于理想化了,多年的积习,岂能在三两周内就可解决?我开始降低要求:'先不说给别人带来幸福,首先成为一个不妨碍他人的人吧!'去青少年实践教育基地的这一个周,我的这种感受尤为强烈。我看到了孩子们最真实的一面,也看到了孩子们背后的每一个家庭……这五天,带给我们的思考也很多,孩子们要学的东西太多啦!有些孩子,说的话让人不爱听,做的事让人难以接受。我们常说,己所不欲,勿施于人。就是己所欲,也要慎施于人。我们教孩子学会换位思考，首先做一个不妨碍他人的人。我经常对孩子们说：'你要努力让大家看到你的好，用自己的优秀来赢得大家的心，而靠出洋相来刷存在感的孩子，在低年级也许会有市场，但到高年级就会明显受到冷落。'"

在接下来的家庭教育沙龙中，我们又对这个话题进行了详谈。这一次家长会，我们和家长统一了思想，达成了共识，增进了感情，取得了很好的效果。以后的电话家访，我更是将思想工作做到了家。赢得学生的爱，赢得家长的心，我们的班主任工作就可以取得事半功倍的效果。

二、特色活动

本学期，我带领学生举行了一系列特色活动，如制作水果拼盘、树叶粘贴画，使得师生关系更加和谐，班级凝聚力更强。开学后不长时间，正是瓜果飘香时节，我让孩子们利用双休日时间，为全家制作美味的水果拼盘，既体验了做家务，又懂得了感恩，还增进了亲子关系，一举多得。当五彩缤纷的秋叶装点着整个世界的时候，我又布置孩子们和爸爸妈妈一起赏秋景、捡树叶、制作树叶粘贴画。十月，举国欢庆的时候，为配合爱国主义教育，我又发起了"我和国旗合个影"活动，孩子们的用心程度让我感动，他们的精彩创意更是令人叹为观止。每次活动结束后，我都把孩子们所有的作品集中起来，做成精美的美篇跟所有的家长分享，我们的作品在微信朋友圈更是得到了铺天盖地的赞。说实话，我真的为孩子们感到高兴，感到自豪。

最令我自豪的是，我把感恩教育贯穿整个学期，并且取得了良好的效果。开学第一天，我就送给了孩子们一句话："让人们因我的存在而感到幸福！"平常说话做事的时候，都要想想是否会给他人带来幸福，至少应该努力做到不妨碍他人。我相信，这样慢慢地引导，孩子们会潜移默化地受到教育，当整个班级形成感恩的风气时，那些特别的孩子也或多或少会受到积极的影响。后来，我又带领孩子们写感恩日记，受到了他们的欢迎。我精心选择了一本笔记本，封面上有"感恩"二字，还有一枚小印章，上书"初心"，旁边还有一句话："人生需要感恩。""诚、善、敬、爱、仁、情、美、义、真"等充满着正能量的美好字眼，众星捧月般地围绕在一个大大的"恩"字周围。孩子们开始轮流写感恩日记，有写老师关心自己的，有写同学帮助自己的，也有写自己帮助他人的；有写表现最好的同学的，有写自己最开心的事的，有写让自己最感动的人的，有写自己最幸福的时刻的……读者看到的是爱心、幸福、快乐、温馨、开心和感动,满满的都是正能量。感恩日记在继续,感恩教育在延续。

  反思自己的工作,付出了很多,但在某些孩子身上成效不太大。也许梦想还未达成,也许生活尚不如意,我提醒自己千万别放弃。我告诉自己,自己所渴望的美好只是迟到,绝不会缺席。时光不会辜负努力,梦想也不会遗忘付出。假期里,我要多学习心理学知识,多阅读心理学书籍,多研究孩子们的心理,用智慧来美丽自己,用爱心来温暖孩子们。

  我要用汗水和勤奋谱写崭新的篇章!

第七节 2018年6月26日五年级(3)班班主任总结

本学期,特别忙碌,特别充实。

一、专业成长

本学期,我的工作室——青岛市张红名班主任工作室和我们长江路小学的名班主任工作室一并启动,感谢各位领导的全力支持!感谢全校同事的倾情关注!从2016年3月即墨初审材料,4月青岛复审,到9月18日的现场陈述答辩,工作室组建及实施方案介绍七分钟,现场答辩五分钟,到11月9日工作室第一次全体会议,再到2017年3月,全青岛三十个名班主任工作室,小学七个,初中十三个,高中十个,如期启动。接下来的日子,我就有福了!三十个工作室,活动异彩纷呈,精彩不断!我赞叹,我汗颜:"人家这才是真正高水平的名班主任啊!"接下来的每一天,我都用心学习,学习名班主任的活动创意,欣赏名班主任的精妙文笔,领悟名班主任的思想精髓,很忙碌,很充实。在名班主任工作室这个平台上,我一定要更加努力,并且将学到的东西和大家一起分享。

同时,我也把学到的知识运用到教育实践中。期中之前,我带领学生们举行加油班会,采取的形式是体验式微班会——"一分钟,许自己一份自信",让学生们体验不同的班会形式。具体做法是这样的:首先让学生们预估一下自己一分钟能拍掌多少下,接着进行三轮比赛。第一轮:体会目标引领与自我评估;第二轮:改进方法,取长补短;第三轮:在吉尼斯世界纪录的激励下,方法加毅力挑战自己的新极限。班会课结束后,请学生们写写自己的感受,学生们感受之深刻,超乎我的想象。有的学生意识到,有目标、有方法、能坚持,就能把事情做好;有的学生体会到人的潜力是无穷的!

5月份,我还带领学生们上了一节心理主题班会课——"世界因你而精彩——赞美的力量"。在课上,我引导学生们学会赞美,真诚地表达赞美,一起制作赞美卡,完成赞美树,共同感悟赞美的神奇魔力,让学生们在生活中养成赞美他人的好习惯。上完课,我们把赞美树移到教室,让它继续发挥作用。录制班会课的前前后后,备课、搜集资料、准备材料,庄媛媛全程陪同、听课、指导。一遍遍地备课、一遍遍地试讲、一遍遍地修改,前前后后磨了五遍,终于成功录制完成。这个过程得到了宋济良主任、王立峰、栾淑英、江莎莎、孙兰香老师的大力支持,非常感谢!

二、综合素养

本学期,我们继续"我们的五分钟",和读书节活动结合在一起,取得了最佳效果。讲精彩故事,谈读书感悟,津津乐道,一人分享,全班受益。话题丰富多彩:"有种爱叫作责任""差别""美丽的胎记""国民女神李清照""谁都不可能'一无是处'""三道门的启示""时间是构成生命的材料""信誉是无形的财富""天才在于勤奋""理想点亮人生""态度决定一切""细节决定成败"……令人欣喜!

《多一点诗意》的诵背更成为我们的骄傲,全书背过的同学占了全班三分之一,五十首古诗背过的达到了四十五人,八篇文言文背过的三十人。在学校举行的国学经典诵背比赛中,我班成为优胜班级,有六人获得"国学小达人"称号。

三、幸福日记

全班接龙,在上学期写"感恩日记"的基础上,本学期写"幸福日记",帮助学生们找寻生活中的点滴幸福,增强学生们感悟幸福的能力。第一篇"幸福日记"诞生于 2018 年 2 月 26 日,记录人是震宇。他在日记中写道:"我们的张老师总能带给我们数之不尽的温暖,总能在我垂头丧气的时候给我无限的希望,让我感到幸福无比。"我的回复:"谢谢震宇!你带给张老师的温暖和幸福也很多啊!新的学期,我们一起努力!"学生们笔下的幸福丰富多彩,有写家庭和睦的,有写自己成功的,有写为同学服务的,有写陌生人帮助自己的,有写同伴友好相处的,有写老师关心自己的,有写胜利喜悦的,有写大自然美景的……翻看着孩子们写的"幸福日记",我也很幸福!

四、我的反思

1. 学习心理学知识迫在眉睫,多研究学生们的心理,用智慧来美丽自己,用爱心来温暖学生们。

2. 充分利用好名班主任工作室这个平台,努力学习,完善自己,提升自我,惠及学生们。

3. 无论遇到什么样的学生,都别忘了四个词:尊重、信任、宽容、欣赏。

第八节　学习，感恩，反思

——青岛市张红名班主任工作室2017年度工作总结

2017年2月28日,青岛市首批普通中小学名班主任工作室组成人员公布,付翠丽、孙岩、李永磊、李晓宁、江翠苹、梁燕、闫丽丽、杨艳八位优秀的班主任进入了我们这个大家庭。2017年3月15日,青岛市张红名班主任工作室如期启动,由此拉开了学习的大幕。

一、学习

1. 常规

（1）2017年3月15日　三月春早,红叶这边独好——工作室启动仪式

3月15日,一个很特殊的日子,它在向人们传递诚信的同时,也把我们九位聚集在一起,以班主任的名义,更以爱的名义。在启动仪式上,我们确立了我们工作室的核心理念是"做学生喜欢的班主任",提出了设计工作室徽标、丰富班主任工作室文化的要求,公布了工作室实施方案和青岛市教育局要求的常规项目,让每个工作室成员都明确了工作目标、研究方向,使大家对工作室充满了期待和信心。

会上最精彩的部分就是人人分享自己的班主任工作案例,特别是每个人亲身经历的真实而感人的教育故事。大家围绕着班主任工作,畅所欲言,相互补充,取得了共识,拉近了距离。我们要求大家沉下心来,善于思考,勇于创新;静下心来,勤于动笔,乐于分享;争取在三年周期内,人人有收获,人人有成果,人人成为有自己特色的岛城名班主任。

（2）2017年3月31日　不负春光,努力成长——工作室第一期论坛

论坛以"核心素养背景下的班主任工作透视与创新"为主题。"蓝精灵"班主任工作室主持人、南京航空航天大学附属中学党委书记罗京宁,山东省班主任专业委员会副主任郑立平,教育部"国培计划"专家库专家、北京教育学院教授迟希新和《新班主任》杂志社主编肖凡等四位专家围绕"体验式班会的实践与创新""名班主任自身专业发展与工作室的建设策略""新时期班主任的核心素养与自主发展""班主任的教育写作与专业成长"等专题与

我市名班主任工作室成员进行了分享与交流,老师们纷纷表示受益匪浅。

(3) 2017年7月10日　盛夏的清风——工作室第二期论坛

这次论坛很接地气,青岛市名班主任工作室的五位主持人从不同角度分享了自己的家教及班级管理经验。青岛二中的王合江老师以"构建家庭教育与学校教育互通的桥梁"为主题,阐述了如何融合学校教育与家庭教育,打造班级命运共同体;胶州六中的徐道峰老师以"家校联盟,助推成长"为主题,给我们的班级管理以启示;铜川路小学的李曙光老师以"家校合作是为了家校共育"为主题,通过分享自己教学经历中如何与一位"护犊子"的家长有效沟通,阐述了教育中如何处理与家长的关系;青岛第二实验初中的李忠荣老师以"自主管理,是我最好的遇见"为主题,分享了她在班级管理中尊重学生的主观能动性,让学生逐渐学会自主管理的措施;青岛一中的乔艳冰老师以"推动自主教育,实现自我成长"为主题,分享了她在班级管理过程中如何从学生的情感入手,以特色活动为载体,通过科学的管理,让学生真正成为班级的管理者、参与者和学习者,从而创建优秀班集体。

(4) 2017年9月22日　红叶轻舞时,老班充电忙——工作室第三期论坛

更接地气的第三次启智教育——"创新班级管理,培育核心素养,做幸福班主任",让我们从不同的专家身上感受到不同的魅力所在。我们聆听了四位专家的报告:北京市大兴区教师进修学校汪克良教授的"教育改革与互联网+下班主任教师的思考与思维",深圳市优秀班主任刘海美老师的"核心素养视域下的班级管理建设",湖北省首届十大新锐班主任杨虹萍老师的"特色班级文化,擦亮班级品牌",北京房山中学隗金枝老师的"系列活动促进班级文化建设",一个个新鲜的事例,无不凝聚着班主任的智慧。受益匪浅的同时,我们思考更多。

2. 培训

(1) 2017年3月26日　青岛——聚焦核心素养,丰富教育智慧

我们工作室参加"'众师行'聚焦核心素养,丰富教育智慧——全国中小学班主任核心素养与智慧提升高级研修班"学习。两天的时间,老师们聆听了五位教育专家的讲座:刘银花教授的"和谐教育——教师职业幸福的生成"、王文英老师的"做一个灵魂有香气的职业人"、迟希新老师的"班主任的核心素养与自主发展"、耿喜玲老师的"做一名学生喜欢、自己幸福的老

师"、刘大春老师的"班主任的言语沟通与班级管理"。此次学习,我们收获满满,幸福满满!

(2) 2017年7月22日 南京——相逢是首歌

这次报告会真的是思想的大餐,是精神的盛宴,数位资深教师和教育专家既分享了自己的精彩经历,也为在场教师的专业成长提供了经验指导,同时他们的事迹和教育理念也起到了强大的激励作用,让我们在座的每一位教师坚定了在教育之路上不断前行的信念。

我们熟悉的名家魏书生首先登场,他作了题为"做最优秀的教师,做最优秀的班主任"的精彩报告。接下来,其他专家依次登场。全国著名德育专家孙学策的"我是这样做教师的",江苏省教育科学研究院赵国忠的"中国教师奇迹、班主任奇迹",用中国优秀教师、班主任的案例告诉与会教师,教师应该具备什么样的能力,如何才能具备,如何成为更优秀的自己;"天使教师"于洁的"特别的爱给特别的你",视角独特;浙江省许丹红的"班级,一个润泽的场",通过大量案例分析如何管理班级、如何关爱班级、如何通过教育智慧将班级打造成一个润泽的场;山东省慈红霞的"为学生的生命增添一缕阳光",分享了一些自己多年在教育一线中遇到的经典案例。

第二天,中国第一位"宏志妈妈"高金英带来了题为"用心用情做最好的班主任"的讲座,她从做老师最基本的能力开始,拓展到班主任班级管理的经验;实战派班主任李迪的讲座为"做学生欢迎的班主任";特级教师李凤遐作了题为"幸福在这里——班主任职业幸福感的提升路径"的主题讲座,李老师结合自己的人生经历,从教育韧度、教育温度、教育高度三个方面畅谈了她个人的教育选择、教育方法和教育收获,以及如何从职业中获得幸福感;教育部教师培训专家陈宇带来了题为"你也能做最好的班主任"的主题报告,分享了很多他在班级管理中的实战操作,充分展示了一个智慧型班主任的独特魅力!

第三天,郑英、桂贤娣、刘俊萍、王文英、梁岗五位老师将精彩进行到底。在题为"教育,要追慕美好"的讲座中,郑英老师提出教育是向美而生的事业,教师要成人之美,满足学生对美的需求。郑老师归纳出美好教师应具备的三重境界:第一重始境,形胜;第二重又境,气胜;第三重至境,格胜。电影《班主任》原型人物、被誉为"小学里的智慧大师"的桂贤娣以"回眸我的成长历程"为主题,向与会教师谈起自己的成长之路。桂老师的"我心永静,我心永净",引发了在座所有教师的思考。山东刘俊萍作的报告主题为"有一种力量——我是好老师",刘老师从七个方面告诉参会老师,如何做一个好老师,自己又是如何做到的。被誉为"最有魅力的教师"的王文英作了题为"修优美师德,做阳光教师"的主题报告。报告一开始,王老师用歌曲《相逢是首歌》拉开帷幕,她的热情与活力感染了全场的教师,赢得了大家热烈的掌声。全国著名新生代班主任代表人物梁岗作了题为"创建生命在场的幸福教室"的报告。梁老师特别注重班级文化的创建,具体到班徽、班名、班旗等设置,通过一定的仪式让学生能够真正融入班级中,形成有特色的班级文化。

三天的培训,可以说是荡气回肠,教师们听得十分过瘾!不忘初心,砥砺前行!让我们做一辈子教师,做一辈子幸福、智慧的教师;做一辈子班主任,做一辈子幸福、智慧的班主任。

(3) 2017 年 10 月 21 日 青岛——教育的幸福源于接纳

我们聆听了北京 55 中李梦莉老师的讲座"班级文化建设",她讲了班主任作为班级文化引领者和班级文化建设者的双重角色。下午,南京芳草园小学的郭文红老师的讲座"给孩子留下一抹温馨的记忆"更是深深地打动了我们。郭老师向我们讲述了她和"极品"班的"极品"学生之间的感人故事,她用自己的爱、自己的情、自己的智,和孩子们一起编织精彩的故事,让自己的生命和学生的生命相互交叠、相互辉映,同时也创造了自己的幸福生活。我们最欣赏郭老师的"谈心本",她引导学生发现生活中最让人感动的事件、最温暖的瞬间、最美好的情感,写下来,分享给大家,满满的都是正能量!

李镇西老师为大家带来题为"做最好的班主任"的讲座。听李老师的讲座,就像经历了一场精神的洗礼。"让人们因我的存在而感到幸福!""朴素最美,关注人性做真教育;幸福之上,享受童心当好老师。"我们收获了对教育的更深的感悟。让我们向专家学习,从改变自己入手,用一种从容平和的心态,潜心于自己的班级,醉心于自己的学生,努力超越自己、壮大自己,把一堆琐碎的日子铸成幸福的人生。

3. 研修

工作室哪位老师在日常的班主任工作中遇到难题了,感到困惑了,不用发愁,眼前有这么多优秀的班主任呢!大家集思广益,献计献策,随时交流,解决了问题,加深了感情,彼此的心贴得更近了。对于"自闭儿童""小学生告状问题"和"特别儿童"这三个话题,我们进行了全面的讨论、深入的思考、细致的整理，真正做到了让每个老师都有收获。

我们深入研读了《爱心与教育》《做最好的班主任》《我这样做班主任》《教育为谁》《教学勇气——漫步教师心灵》《教育智慧从哪里来》等名家名著，用心阅读，认真摘抄，联系实际写札记、记反思、撰写读后感，实现了读书效益最大化。

我们还有一个更高更好的学习平台，那就是我们三十个工作室近三百位优秀班主任的大团队。每一个工作室的经验介绍、先进做法、创新思维，我都认真学习、消化，适合我们的就转发到自己工作室学习。资源共享，共同成长。

二、感恩

2016年，对于我来说是极不平凡的一年。7月18日，我在南京师范大学参加骨干班主任培训；8月22日，给即墨全体新上岗教师做"做学生喜欢的老师"的培训；9月25日，参加青岛"草根名师"红毯走秀；10月18日，参加教育部"国培计划"小学骨干班主任培训；11月9日，我成了青岛市首批普通中小学名班主任工作室主持人之一。

感谢名班主任工作室这个平台，让我遇见了高水平的专家、优秀的班主任；感谢我们这个平台上每一位班主任，让我开阔了眼界，增长了知识；更感谢我们这个小团队，我们相知、相遇、同行、共好。一年来，每位成员都严格遵守工作室纪律，认真参加工作室活动，积极完成工作室分配的任务，没一个拖延，没一个抱怨，都虚心学习、团结合作、追求卓越，为创建特色高效学习团队贡献自己的力量！只想说，遇见你们，真好！拥有你们，我很幸福！

还记得初次见面那天，梁燕做了一个多彩手账——记录快乐每一天："初见张红老师，亲切得很，她的身上有亲人的场，吸引你的目光，让你想亲近，想倾听，想同行。"当时我就想，这小姑娘很有心，很有文采。后来，她又为我们工作室设计了各种各样的档案封面、材料表格，背景图案就是香山红叶，还为工作室创作了一首古体诗："红叶艳丽满杏坛，芳草翠绿江水蓝。不求引得岩上燕，育人吾心永宁安。"这首诗别出心裁，将我们九个人的名字都嵌了进去，老师们都赞不绝口。再后来，工作室打印材料的时候，梁燕更是承担了绝大部分任务。这一切的设计很有新意，让我们工作室文化味更浓了。

说到文化，不得不提李晓宁，她可是我们工作室文化建设的功臣。她专门为工作室设计了标志，标志由枫叶和心形图案组成，红色的枫叶代表着老师们对于教育事业的那份永不磨灭的火一般的热情，历经努力，经过沉淀，在收获的季节成功。枫叶中间嵌着一颗心，上书"张红名班主任工作室"的字样，代表着张红名班主任工作室的老师们在我用心的带领下，九人同心，互相学习，不断提升自我，让自己的那颗教育之心越来越火热。

  闫丽丽，每一次作业都是高效率高质量完成，每一次活动都积极参加，每一次交流都带给我很多启发。她同时经营着自己的区级班主任工作室，工作干得相当出色。付翠丽，作为除我之外八位成员中年龄最大的一位，资历最高，集多项青岛市级荣誉称号于一身，是工作室的知心姐姐，我的知心妹妹，帮我出谋划策，助我拍板定案。李永磊，做事非常认真，笔记极为工整，绝对是我们工作室的精品。她的"学生自主管理模式"成效显著，但本人谦虚低调，言语间，总会流露出对别人的关心，总会给别人带来温暖。杨艳，既有经验，又有活力，踏踏实实走好每一步，班主任工作做得细致到位，虚心好学，前途无量。孙岩，善于思考，发言积极，见解独到，时刻把工作与思考相结合，在思考中工作，在工作中思考。江翠苹，我们团队中年龄最小的一位，年轻有为，勇挑重担，勤奋好学，态度端正，我们大家都喜欢她。

  同时感谢我们小学组六位主持人的帮助，特别感谢组长李曙光老师，平时对我们有问必答，极为耐心，南京之行，更是无微不至地照顾我们。

  还要感谢高中组乔艳冰老师，她与我的恩师是同事，因此多了一份亲切。我受乔老师影响最大，乔老师对我的帮助也最多。我想做一分钟体验式微班会，她把课件无私地分享给我；我申请公众号遇到难题，她热情地推荐自己工作室的姜为强老师帮助我。我在姜老师耐心、细致的指导下，历时一个半小时，最终成功！感谢乔老师！感谢姜老师！

三、反思

  这一年，我们以学习为主，真的长见识了！虽说努力跟着学，尽量不掉队，但是几乎都是跟在别的工作室后面追。下一年，我们要积极主动地学，有创新地学。这一年，规划不细致不到位，导致研修有些被动。下一年，向李曙光老师学习，命题人提前安排，研修话题提前规划。这一年，写的东西少了，质量也不是很高。下一年，多动笔，多创新，多原创，多出精品，争取多发表。这一年，没充分利用成员学校资源。下一年，走进梁燕的湘潭路小学、李晓宁的北大附小，去学习他们的文化，感悟他们的魅力。这一年，自己学习得还太少，站得不够高，缺乏导致成员收获小。下一年，坚持深入思考、创新学习，让自己让大家真正有所得。下一年,加强工作室间交流,增加外出培训学习,深入做好课题研究,打造心理特色工作室。下一年,给自己定个目标:天天写教育日记,每周一个教育故事,每月一篇精品文章。

感觉接下来要干的事很多很多,我们会一起努力,虚心学习、团结合作、追求卓越,为创建特色高效学习团队贡献自己的力量!

期待着一起成长!祝我们成功!

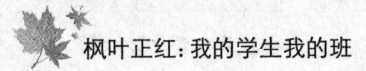

第九节　支教工作总结

题记：支教一年，感慨无限。性格各异的学生，林林总总的故事，难以忘却，是以记之。

2018年8月30日，星期四，晴，是我们支教老师到段泊岚镇中心校报到的日子。我们先到刘家庄小学开会，万康主任亲切接待了我们，随后孙美花副主任公布了分配情况。我们五人跟着张栋新校长来到了段泊岚中心小学，很漂亮的一所学校，校园内绿树成荫。想到要在这美丽的校园工作上一年，心里甚是欢喜。我们还认识了黄官勇副校长、姜艳艳主任、张成凤老师等好多老师，每一位都是那么热情，让我们的内心充满温暖。瞬间，那么期待开学！

晚上，坐在电脑旁，想跟自己说几句话："教室里的每一个孩子，都是一个家庭的整个世界。要永远保持一颗充满爱与责任的心。当老师的你，生命中会遇到很多个学生，每一个学生对你而言，只不过是众多学生中的一个。然而，对于学生来说，你却是他生命中遇到的有限的老师。你将是开启他万千世界的人，若爱，请深爱；若教，请全力以赴。"

一、我和我的学生

9月3日一大早，雨下得很大很急。于富训老师接了我们，按时赶到了学校。张校长在大门口迎接我们。黄副校长通知我教四年级一班语文并担任班主任。

来到教室，我见到了即将朝夕相处的二十九个孩子，女孩十三个，男孩十六个。自我介绍之后，我送给他们的第一句话是："让人们因我的存在而感到幸福！"我告诉孩子们用微笑来美丽自己、温暖他人。因为是开学第一天，课程安排还未到位，所以我大部分时间待在班里，就有了更多的时间跟学生待在一起。我领着他们读书背课文。孩子们很听话。看着他们清澈的眼神，听着他们清脆的声音，我心中的使命感油然而生。有我在，定让这些天真的孩子多些收获，多些快乐，多些幸福！

每天，愉快地上班，高兴地下班。回想过去的一年，我和孩子们之间留下了很多精彩的故事、美好的瞬间。第一个走进我故事的主人公是萱。

萱，一个胖胖的、爱笑的女孩。那是第三周的周四下午，放学后，我走到教学楼门口时，发现雨还在下。萱靠了过来，把雨伞举过我的头顶。我自然地搂住了她的肩膀，高兴地向她表示感谢："萱，谢谢你给我打伞，谢谢你带给我好心情。"我还故意自豪地当着同事的面大声表扬她。萱，这个小胖胖，语文成绩不太好，但我很喜欢她。她总是那么安静，从不张扬。午餐后，她在一旁悄悄地等我，我刷完餐具，她赶紧帮我关上水龙头，然后我俩一起走回教室。周二，轮到她们小组打扫餐厅卫生，另外两名值日生忘拿工具了，她也不计较，自己一手提着自己的饭盒，一手拿着笤帚、撮子，肩膀上还搭着一条抹布。看到她的样子，我很感动，也有些心疼。还有一次，张喜凤不舒服，为了安慰她，我拉着她的手一起走。这时听到同事黄如艳叫我："张老师，萱也想拉着你的手一起走。"我一看，萱挓挲着两只小胖手跟在我身后。"来，萱，老师拉着你的手，咱仨一起走。"我拉着萱，萱拉着喜凤，一起快乐地向前走。冬季跑操，很多孩子因各种原因请假，可萱，全班跑步最吃力的一个，从未请过假偷过懒。她一直坚持跑，每次都累得上气不接下气，以至于我都很担心。每次我都跑在她身边，鼓励着她。跑完一圈，我就让她慢慢走走，她总是认真地走完第二圈，从未间断。一学期下来，我惊喜地发现萱能坚持跑完两圈了。希望这个小姑娘把身体锻炼得棒棒的，每天开心上学，安全回家。我会尽自己所能帮助她，让她多学一点知识，多得一些收获，多得一些快乐！

常胜将军——守杰，班长，一身正气，作业总是一丝不苟，成绩总是名列前茅。我更欣赏他的是，学习时总是全力以赴，玩耍时总是积极投入。期末复习期间，学习累了的时候，我经常带领孩子们玩一些有趣的心理游戏，比如"同舟共济"啦，"一元五角"啦，"土豆、土豆"啦，孩子们很喜欢。守杰每次都那么认真，看到他开心的笑脸，我心里也无比高兴。说要午休，躺下一句话都不说，马上入睡，很是难得。有一次，我去宿舍检查，八个人中有七个在里面闹，只有一个在躺着睡觉，那就是守杰。良好的学习习惯，加上优秀的学习品质，使得这个孩子很突出，在这帮孩子里面遥遥领先，尤其是数学，几乎次次冠军。有如此优秀的班长，也是这班孩子的幸运；遇到这样的学生，也是我的福气。

小才女——泽雅，中队长，多才多艺，成绩突出，字写得特别美观，文章写得特别漂亮。最大的优点是酷爱阅读，擅长写作。每天坚持读书已经成为她的习惯，课间，午后，甚至在爸爸的三轮车上，都能见到她静心阅读的身影。日积月累，她的阅读量达到了三百多万字，已经超越了很多高年级学生，真让人佩服！寒假里我们布置写日记，泽雅写得最好，每篇都是精品，总字数超过了一万字，让全班同学赞叹不已！阅读量大，阅读能力强，语文成绩特别突出，冠军非她莫属。小姑娘声音不大，细细柔柔，但威信极高。她和守杰配合默契，早读时，一个领着读书，一个维持秩序，整个班级井然有序。他们两位可以说是四(1)班的双璧，是老师们得力的左膀右臂。

"大眼睛"——铭祥，一只扶摇直上的大鹏鸟。他眼睛最大，视力最弱，写个字几乎要贴到本子上才能看得清。接班时他的语文成绩二十五分，第一学期末考到了四十一分。我发现这个孩子有学好的愿望，但基础太差，几乎写不对一个字，我真的想帮帮他。我和他商议了一下，把目标定为及格。我们约好：我努力教，他努力学。为了达到这个目标，本学期的每一个生字，我都是面对面，把字放得很大很大，一笔一笔地写给他看，一笔一笔地说给他听，并把词语给他写书上，方便他回家写。教会了就听写，几乎每个中午，我俩不是在学字，就是在听写。听写对了，我就给他发一封表扬信鼓励他，就这样，一课一课地过关。期中考试他又进步了，达到了五十四分。接下来，我们俩一如既往地努力，期末模拟检测时，连续三次都考到七十多分，我俩都非常高兴，同学们也为我们高兴。

当然，班里也有一些"熊孩子"，或许是自己当班主任时间太长了，见惯了性格各异的孩子，我更愿意把他们当成内心纯良可爱的孩子，去爱，去关怀，去努力发现他们的优点。马克·吐温有一句话让我印象深刻，他说："手里拿锤子的人看什么都像钉子。"一个老师，一定不能是手里时时拿着锤子的人。泰戈尔说，不是铁器的敲打，而是水的载歌载舞，使粗糙的石块变成了美丽的鹅卵石。教育也应该如水的载歌载舞，轻柔、温暖而又不留痕迹。

二、我和我的班级

这一年，我仍然采用自己比较擅长的量化积分制，但侧重点与以往不同。以前的量化积分主要帮助我搞好班级常规管理工作，而在段泊岚中心小学则成了我帮助学生养成良好学习习惯的有效工具。我一般提前公布下一周的预计加分项。例如，某一周预计的奖励项如下：1. 书写非常认真；2. 作业正确率高；3. 每周一首必背古诗；4. 自己主动背的古诗；5. 每周读完一本课外书；6. 听写满分；7. 测验优秀；8. 一分钟跳绳比赛；9. 习作二优秀文章；10. 发言积极精彩；11. 第9课课文背诵；12. 安全平台作业；13. 第6课课文背诵；14. 其他科目的加分……

我跟孩子们说："你们好好努力，为自己加分，挣得越多越好！满十分可以兑换一个小奖章，庆祝元旦时，我带你们'赶大集'，这些小奖章可以代币哦！""张老师，什么是'大集'？""张老师，一个小奖章顶多少钱？""……""现在保密哦！"我想让他们对未来充满期待！

2018年12月28日下午，庆元旦系列活动拉开了序幕。节目丰富多彩，有享美食、演节目、"赶大集"、看图猜成语等，孩子们兴趣盎然。第一个节目：享美食。我给孩子们分发了即墨麻片和糖果等食品，向孩子们表达了新年的祝福。为什么给他们带麻片呢？在品德与社会课上，我给孩子们讲即墨特产时提到了即墨麻片，发现绝大多数孩子不知道这种家乡名吃，我就许诺要带给他们尝尝。享美食之后，孩子们也纷纷上台表演节目，唱歌、跳舞、跆拳道，整个教室成了欢乐的海洋。

最受孩子们欢迎的节目是"赶大集"。孩子们用自己平日的量化积分兑换的小奖章购买东西。东西从哪里来呢？第一类：我根据学生的需要，准备了好多学习用品，如稿纸、各类练习本、中性笔、铅笔、橡皮、直尺、彩笔、文件夹。第二类：孩子们自己制作的作品，如书法、手工、绘画、剪纸、太空泥、手工贺卡。第三类：应孩子们要求，增加一些他们感兴趣的东西，比如他们看过的图书、玩过的玩具，但一定得经过家长的同意才能带到学校。我也表演了一个节目，准备了十九张图画，让孩子们看图猜成语。孩子们也非常感兴趣，既得到了快乐，又学到了知识。

元旦小假期，我又整理了一学期以来给孩子们拍的照片，制作了一个美篇——《2018，我们一起走过；2019，我们一起加油！》。美篇分十八个小版块——折纸快乐多、吃饭也开心、自觉上早读、午读好时光、秋天多美呀、校园是我家、一起加油吧、我有感恩心、我的班会课、尝尝大白兔、老师说我棒、齐来诵经典、快乐学语文、我是小明星、雪地走一走、快来赶集喽、我们等着你、元旦快乐哟，以照片的形式记录了孩子们从夏天到冬天的成长足迹，也给孩子们留下了美好的回忆，在孩子们中间营造了一种温馨、温暖、温情的氛围，增进了孩子们之间的友谊，打造了幸福、快乐、和谐的班集体。

三、我和我的同事

支教路上，我们不论是三人同路，还是五人同车，满载的都是开心、温暖和幸福！一路上，我们谈学生，说教学；侃大山，拉家常，四十分钟的路程经常不知不觉就到了。开心时，一起分享；烦恼时，一起分担；伤心时，有人安慰；郁闷时，有人劝解。像兄弟姐妹，温暖又幸福！

我们办公室十个人，每个人都是那么善解人意，大家互相关心，互相爱护。一个办公室，就是一个温暖的家。一年来，我受到了老师们太多的关照，非常感动！我外出培训好多天，高茜茜毫不犹豫地替我上课，连张栋新校长都亲自上阵。记得我初来乍到时，环境陌生，情况不熟，是茜茜无微不至地帮助我，帮我找床找书，帮这帮那。这个小姑娘工作严谨细致，对学生极为负责。直到请产假的前一天，她还认真地把第二单元的新课和练习处理得利利索索。一起的日子，中午、课间，她一有空就耐心辅导学习吃力的学生。我参加教研活动经常要调课，鞠成方老师二话不说，坚决支持。印象最深的是即墨区心理菜单教研活动时我的讲座课件被损坏，是鞠老师雪中送炭帮我解决了大问题。还要说说房欣欣老师，房老师每次来我们办公室吃饭，我们一起交流教学问题，一起分享网络教研的经验，一起开心地聊生活，感觉幸福又快乐！我要搞点赞大集，茜茜和鲁燕赶紧拿出自己珍藏的宝贝赞助我。我每天一到办公室，看到干净整洁的地面、冒着热气的开水，就知道王军华老师早就到了。军华其人，安静、沉稳、低调、谦虚，与之交往，带给你的永远是温暖、舒服。善良可爱的鲁燕老师，她的乐于助人更是给我留下了深刻的印象。记得有一次有一个很紧急的任务，限时完成，学校急等统计上报。我的电脑网络不好，心里急得不得了。有了鲁燕的帮忙我才按时完成任务，我真的非常感动。本学期我们在黄如艳的带领下集备《苹果里的五角星》，鲁燕执教，如艳、初慧芳和我一起听课、评课，一遍遍地打磨，小姑娘的课上得越来越好。今年三八节鲁燕作为班主任代表发言，更让我见识到了小姑娘的认真和优秀。

打交道最多的是如艳老师。班主任工作琐碎复杂，方方面面的工作没有失误，如艳功不可没。有一次我去教研室开会，如艳帮我管班、处理"官司"，比对待自己班还上心。有了如艳，我无须担心工作上的事情，因为她总会倾情相助！慧芳工作严谨、细致，性格活泼、开朗，又那么善解人意，跟她在一起，谁都会感到很快乐。五月份，我要出即墨区心理健康教育公开课，磨课的过程中，老师们全程温暖陪伴，如艳一遍遍地帮我录视频，鲁燕还帮我加上了字幕，让我感动不已。贾慧是个善良的小姑娘，更难得的是素质好、业务水平高，是棵好苗苗！作为资深班主任，毛军华老师的认真更值得我们学习。以道德大讲堂为例，从发言稿到课件到教室卫生，毛老师的用心准备、精益求精打动了我们每一个人。办公室里德高望重的姜永志老师带给我的永远都是肯定和鼓励,让我的生活每天都充满阳光。谢谢姜老师!祝福姜老师!特别感谢关键时刻艳艳和成凤无言的守护和温暖的陪伴!后来,我有幸和温暖、帅气的仲明维搭档,小伙子敬业、负责,赢得了学生的喜欢,更深深地打动了我!

感谢我的学生,感谢我的同事!感谢这段难忘的支教经历!

附支教一年大事记:

1. 2018年11月6日,承担即墨区心理健康教育菜单教研讲课任务,为段泊岚镇全体班主任作了题为"做幸福班主任——教师压力管理"的讲座。

2. 2019年1月1日,指导的学生张泽雅的文章《刨笔器的自述》发表在《即墨教育》上。

3. 2019年2月21日,为段泊岚镇全体班主任作题为"做学生喜欢的班主任"的讲座。

4. 2019年2月22日上午,为段泊岚中心小学全体班主任做专题培训。

5. 2019年2月22日下午,为北安街道办事处中心小学全体班主任做专题培训。

6. 2019年2月23日,为青岛长江学校小学部全体班主任做班主任工作专题培训。

7. 2019年3月7日,撰写的文章《我的支教故事》发表于《即墨教育》。

8. 2019年3月26日,为北安街道办事处下疃小学全体班主任做专题培训。

9. 2019年5月12日,在青岛市教育系统开展的"家长面对面"活动中,担任第六场主讲人,宣讲课题为"说说亲子沟通那些事儿"。

10. 2019年5月23日,承担即墨区心理健康教育菜单教研讲课任务,为北安街道办事处国立希望小学全体家长作题为"用心沟通,助力成长"的讲座。

11. 2019年5月31日,执教即墨区心理健康教育公开课,课题为"学会拒绝"。

12. 2019年6月10日,为青岛大学即墨实验学校做班主任工作培训。

13. 2019年8月18日,为即墨区新教师做岗前培训,准备的培训材料是《做学生喜欢的班主任》。

第三章

心得篇

第一节　赴南京师范大学参加班主任培训有得

　　2016 年 7 月 18 日至 7 月 22 日，我们即墨的八名班主任在南京师范大学参加了 2016 年青岛市骨干班主任培训。

　　第一天上午，我们聆听了上海师范大学刘次林教授题为"学校德育的系统设计"的讲座。在刘教授的讲座中，我印象最深的一点是"把自己的判断与别人的判断理性对话"。作为一名有着二十多年班主任工作经历的教师，我非常重视班级建设，也深知班规对学生的约束力有多强，所以我带领学生详细制定了班级公约，让其成为班级的行为准则。在这之前，我一直觉得自己做得不错，学习了之后，才意识到让学生开个讨论会真的很有必要，让他们讨论一下班级公约中哪些要求不合理，并且注意不能光站在自己的立场看问题。这样学生们能真正接受班级公约的约束，从而内化为自己的行动。

　　我最受启发的一点是"生活德育经典七问"。在以后的班主任工作中，我一定要亲自去体验一下这经典的七问，感受一下智慧教育的魅力。

　　下午，常州市田家炳初级中学王燕校长和我们一起分享了她的精彩讲座"智慧方得果芬芳——'青果'文化建设思考与实践"。王校长讲座中庞大的信息量更是带给我巨大的冲击，我感觉自己需要学习的太多了！感谢这次培训，让我认识到一个全新的自己！

　　第二天上午，南京市教育科学研究所李亚娟博士给我们带来的讲座是"教养：班主任和学生的共同追求"。李博士在讲座中多次提到了"同理心"这个心理学名词，我对此很感兴趣。同理心，又叫作换位思考、神入、共情，是站在对方立场设身处地思考的一种方式，即在与他人交往过程中，能够体会他人的情绪和想法，理解他人的立场和感受，并站在他人的角度思考和处理问题，主要体现在情绪自控、换位思考、倾听能力以及表达尊重等与情商相关的方面。自己怎么对待别人，别人就怎么对待自己。想要他人理解自己，就要首先理解他人。将心比心，才会被人理解。想要成功地与人相处，让别人尊重自己的想法，唯有先改变自己。从这点来看，无论是教育还是做人都是有益的。让我们和学生一起成长，让自己成为有教养的班主任，让我们的学生成为有教养的学生。

下午，南京师范大学心理学院傅宏教授作了题为"学校品质提升与心理健康教育"的讲座。我印象最深的一句话是："一切为了学生的发展，就是顺应儿童自身发展规律，不能揠苗助长。"的确，教育就要遵循儿童身心发展的阶段性。皮亚杰的认知发展阶段理论指出，儿童在不同的年龄阶段有不同的身心特点，教育要遵照儿童不同发展阶段的身心特点，教育内容、教育方法要依据儿童的身心特点进行适当调整。教育还要遵循儿童身心发展的顺序性。儿童的发展总体来讲是按照一定的顺序进行的，教育要做到不"凌节而施"，教育应当遵循儿童发展之自然规律。教育更要照顾到儿童身心发展的不平衡性。不同儿童的发展在总体一致的基础上又有各自的特殊性，同一儿童在发展的不同阶段也有不同的发展特点。傅教授指出，中小学心理健康教育的总目标是：提高全体学生的心理素质，培养他们积极乐观、健康向上的心理品质，充分开发他们的心理潜能，促进学生身心和谐可持续发展，为他们健康成长和幸福生活奠定基础。

第三天精彩继续。上午，南京师范大学班主任研究中心朱曦教授作了题为"生活　智慧　幸福"的讲座；下午，南京市江宁区教育局德育教研室姜书勤主任和我们一起分享了他的精彩讲座"让班会课成为最有魅力的德育"。

朱曦教授问我们："哪位老师是愿意做班主任的？"我自豪地和大家一起举起了手，说实话，我真的是一个喜欢做班主任的老师。我喜欢和学生在一起，愿意看到他们在我的带领下健康、快乐地成长，希望他们会因为有我而喜欢学校、喜欢学习。朱教授肯定我们，说"愿意做班主任"这点非常重要。我会谨记这一点，有情有义做德育，有滋有味做教育，学会理解、尊重、赏识每一个学生，努力做好学生生命中的重要他人。在以后的班主任工作中，我要用心设计每一天的教育教学活动，想方设法创新工作方式和内容，用智慧来陪伴学生，让自己更幸福，让学生更幸福！

姜书勤主任的讲座更是给了我很大的启发：班会课需要顶层设计，需要规范设计，需要体现自主、合作、探究、对话、体验的新课程理念。作为班主任，我们要学会放手，让学生成为当事人，渗透生活德育理念，并且要隐藏教育的意图。设计班会课时我们要做到小切口深挖掘，并且注意在情感中展开，最后还需要建立良好的评价体系，让班会课真正成为最有魅力的德育。

三天的班主任培训，我仿佛经历了一场精神的洗礼、一次思想的升华。

第二节　聚焦核心素养,丰富教育智慧

——全国中小学班主任核心素养与智慧提升高级研修班培训心得

2017年3月25日和3月26日两天,即墨市首批三十名中小学名班主任工作室主持人以及即墨市多所学校的德育干部、优秀班主任代表在即墨市教体局德育办的组织下来到青岛,参加"'众师行'聚焦核心素养　丰富教育智慧——全国中小学班主任核心素养与智慧提升高级研修班"学习。两天的时间,我们聆听了五位教育专家的讲座:刘银花老师的"和谐教育——教师职业幸福的生成"、王文英老师的"做一个灵魂有香气的职业人"、迟希新老师的"班主任的核心素养与自主发展"、耿喜玲老师的"做一名学生喜欢、自己幸福的老师"、刘大春老师的"班主任的言语沟通与班级管理"。讲座中的"和谐、幸福、智慧、爱心、责任、宽容"等关键词引发了老师们的思考,激起了老师们的共鸣,同时让老师们开阔了眼界,提升了认识。

下面撷取印象最深的一些话与大家共勉。

刘银花老师精彩语录:"当教师学会领会学生的内心世界,并懂得如何做出恰当的反应时,他就具有了师生人际智能,从而能提高教师工作的效能,自然也就能领悟到职业的快乐。教师没有了爱,就没有了真诚,任何模式、任何方法都是无效的,不管它有多新;教师没有了爱,就没有了责任,任何语言都是苍白的,不管它有多美。教室本是个犯错误的地方,教育应从宽容开始。教师要有赤子之心,我们越简单,也就越高贵。我们要修炼简单的丰富而不是复杂的贫乏。我们做教师的要有静气,如若只有匠气,生活实在了然无趣。当教师有了先进的教学理念,完善的知识结构,充满激情、真情与热情的工作形态,有超越功利的清高、拒绝浮躁的淡泊、高雅的生活情趣和矢志不渝的坚守,学生们就会对我们有道德的肯定、知识的折服和情感的依恋。激情需要点燃,点燃了激情就能收获职业幸福。教育需要激情,幸福需要不断提醒!"

王文英老师寄语:"尽最大的努力,做最好的自己!想走进学生的世界,就先给学生一个喜欢你的理由。"

迟希新老师让我明白,我们要做就做一个高素质的班主任:一个会学习

的班主任,一个善于反思的班主任,一个健康快乐的班主任。他的经典之语"儿童是出错的天才"一下子让我由纠结变为释然,同时意识到在教育学生方面我们要转变策略,变强制灌输为积极引领,变理论说教为行动影响,变强权命令为心理相融。在平常的班主任工作中,我会谨记"爱心、责任、幸福",继续践行"三爱",热爱教育事业,做有灵魂的教育;喜爱我的班级,并且用心经营;真诚地关爱我的每一个学生。

刘大春老师的"班主任的言语沟通与班级管理"更是让我从细微之处体会到班主任说话的魅力,可操作性强,感觉是最接地气的一课。刘老师举了一个例子:一个学校的校训从"习惯很重要"改为"习惯很重要哦",一字之差,效果天壤之别。在生活中,我们要多使用建设性言语,少用破坏性言语;常用"3＋X个文明用语"(您好、谢谢、请)＋(对不起、没关系……);多用询问式、体谅式、认同式、选择式、回避式、模仿式、代入式、弥补式、委婉式、直观式言语。做到了这些,不仅班主任工作事半功倍,在生活中肯定也是一个备受尊重和欢迎的人。

此次学习,我收获满满,幸福满满!我要做一个有智慧、有涵养、有激情的幸福班主任!

第三节 湘潭铜川行

2018年5月18日,期待已久的湘潭铜川行终于到来了。

第一站,湘潭路小学。

第一项,工作室成员、湘潭路小学大队辅导员梁燕老师带领老师们参观学校。一进大厅,就看到巨幅彩绘壁画,很漂亮、很大气,引得老师们啧啧赞叹。梅励人生的校园文化,更让老师们叹为观止。每一面墙壁都会说话,每一个角落都有故事。随处可见的英文,彰显了学校的开放性。罕见的旱冰场,宽阔的大操场,精彩的大课间活动在这里上演。更让我们自豪的是,总导演就是我们的梁燕!

第二项,听梁燕老师的班会课"你听",整节课如行云流水,一气呵成!梁燕老师语言简洁,语调轻柔,听起来特别舒服。"感谢你的共情。""等待是一种美德。""只要对别人没有伤害,你可以采取自己喜欢的方式。"这些富有智慧的引导语、得体到位的评价语,让我耳目一新,不仅学生有收获,我们听课的老师也学到了许多。四十分钟在快乐中转瞬即逝,这是我听到的最舒服的一节班会课!真为梁燕感到自豪,也为自己工作室有如此优秀的成员感到骄傲!

第三项,梁燕老师带领我们做团体沙盘游戏体验。一轮一轮地摆下来,听着梁燕老师的分析与讲解,我们感觉收获特别大。尤其是被自己班里的几个淘小子搞得焦头烂额的我,更是得到了梁燕老师专业的指点与疏导。

午饭后,梁燕老师安排我们在会议室休息,然后她就去忙了,有一个学生活动需要组织。

第二站:铜川路小学。

短暂的午休之后,我们几个又来到青岛市名班主任工作室主持人李曙光老师所在的铜川路小学。一到铜川路小学,我看到门口的电子屏已打出这次活动的标语"青岛市李曙光、张红名班主任工作室暨李沧区优秀班主任工作室联谊活动",内心一股暖流在涌动。一进5月份,我就想和优秀的李曙光老师的工作室搞一次联谊活动,今天终于成行,感觉非常高兴。

我们还没到四楼合班教室,李曙光老师就迎了出来。进入会场,很多老师已就坐。李曙光老师递给我一份活动安排表，时间、内容、主讲、单位、主持、备注，写得清清楚楚，真是用心！

第一项，由李曙光老师作开场介绍。

第二项，由铜川路小学的王娜老师执教体验式班会课"文明礼仪伴我行"。一进多媒体教室，我就被孩子们开心的笑脸和王娜老师恬美的笑容深深地打动了。我还注意到一个细节，板书设计十分精致。整个课堂，在富有亲和力的王娜老师的带领下，一年级的小朋友们学礼仪、习礼仪，寓教于乐，效果极好。

第三项，铜川路小学的刘霞老师作优秀班主任经验介绍。

刘霞老师从七个方面进行了交流：

1. 把学生当自己的孩子；
2. 先给"一颗枣"吃，再给"一棍子"；
3. 想办法让家长知道你的付出，赢得他们的支持；
4. 带领、鼓励孩子们积极参加各种活动；
5. 建立一个高效团结的家委会，选择一个得力的家委会主任；
6. 亲其师，信其道（我是你最棒的班主任！）；
7. 要有班主任的威严。

刘霞老师说得很实在，我们受益匪浅。

李曙光老师还特别邀请了青岛市家庭教育指导中心首席专家、青岛二中心理健康教育高级教师曾莉为我们作了题为"心理学原理在教育教学中的应用"的讲座。讲座分三个部分，一是用马斯洛的需要理论理解人和教育；二是用积极心理学来重塑孩子的健全人格；三是用自我意识与重要他人的关系理解家庭教育的重要性。曾莉老师分别用"周杰伦的职业发展"和"从《芈月传》看家庭教育"两个例子深入浅出地向我们讲述了她的观点。她的"哪壶开了提哪壶""淡化问题，关注已有的积极品质或潜能""让学生在问题中成长""包容各式各样的孩子和孩子们身上各式各样的问题，用真情取信于孩子们，让孩子们在师长的管理中体验到被爱"等观点，引发了在场老师的共鸣。

满满的一天，满满的收获，满满的幸福！感谢梁燕老师！感谢李曙光老师！感谢我的同伴！

湘潭铜川行，我们不虚此行。

第四节　遇见更好的自己

2018年7月13日和7月14日这两天,我们在即墨区教师进修学校参加了暑期工作坊主持人高级研修班的学习,收获颇丰。

培训从黄艳艳老师的讲座"遇见——未见"开始。黄艳艳老师从一个七岁男孩和一位六十四岁老人的对话视频引出"沟通"这个话题,接着通过小视频形象地向大家展示了"沟通九法",两个小视频一下子深深地吸引了我。接下来黄艳艳老师对"聽"字的独特解读更让我明白沟通中听的重要性。

尹孝柏主任给我们上了一节坊主业务培训课程——"有效沟通实用技巧"。尹孝柏主任形象地从氧元素和氢元素的特点谈起,尤其特别的是以思维导图的形式讲解了"沟通"和"攻心"的技巧,令我耳目一新。

感谢这次研修,让我遇见了凌燕导师团这个优秀的团队,让我遇见了这么多优秀的老师和同仁。我坚信,在他们的影响下,我必定会遇见更好的自己。

第一天晚上,我就加入了仰慕已久的黄艳艳老师的心理工作坊。在她的工作坊里,我看到了这样一段话:"生命是一朵花,有独一无二的形状,绽放独属于自己的色彩,盛开在独属于自己的季节。在路上,我们终究会遇见各种人,发现各色风景,汲取不同的能量和资源,去滋养成全我们的生命花!"我很喜欢这段话,感觉自己就是一朵花,绽放在教育这片沃土上。

我很珍惜这次机会,广泛浏览老师们上传的精华资源,从中汲取智慧;积极参与讨论,踊跃发表自己的见解。多读书,勤动笔,不负研修,努力成长!

研修路上,我要努力以了解、倾听、包容、悦纳、支持、滋养为伴,跟随黄艳艳老师踏上自我成长的道路,不求多灿烂,但求有改变。做最好的自己,做自己的最好!

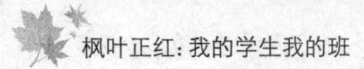

第五节　遇见EAP，遇见美好

——EAP心理援助师培训

2018年7月17日至7月20日，在青岛市城阳区委党校，我和九位心理老师参加了青岛市总工会第三届EAP援助师的培训，受益匪浅。

17日上午，开训动员。会议由徐文部长主持，梁海泉主席讲话，接着青岛市税务局林建家处长介绍EAP开展情况，瑞阳心语的周毅经理对培训组织情况进行了说明和介绍，然后全体参训人员和领导一起合影。

下午，我们来到山东省总工会EAP服务基地——瑞阳心语EAP体验训练基地进行参观体验。在这里，我用手机记录下了很多我感兴趣的部分，也亲身体验了很多新奇的项目。整个参观体验过程中，我充满了好奇，充满了感动。

18日上午，我们聆听了EAP援助师培训核心专家、苏州大学段锦云教授带来的人生不可缺席的一堂课——"幸福的原理"：幸福为什么重要？什么是幸福？如何获得幸福？段教授向我们介绍了幸福五要素——积极情绪、投入、关系、意义、成就感。他还向我们介绍了幸福十原理——情感适应与幸福；事件的偏态分布与幸福；善用心理账户；Less is better；善用幸福的"积极性格"；关注"意义"；自我概念与幸福；克服完美主义；选择与幸福；爱情、婚姻与幸福。十条幸福原理，每一条都带给我启发，每一条都引发我思考。其中，对我影响最大的是"克服完美主义"这一条，即接受自己全然为人，与负性事件（包括失败）和平相处，做局部最优主义者而非完美主义者，大成若缺，不足胜有余。

下午，段教授讲座的题目是"巴别塔上的彩虹：EAP与心理学"，除了让我们对EAP的历史和发展有了更加深入的了解之外，还给我们讲述了关于聆听、沟通、同理心、职业生涯和心态的基本论点。

19日，我们聆听的是张影侠教授的"EAP核心技能"。张教授用大量生动的案例，深入浅出地带领我们分析了一般心理问题的特点、判断标准和具体表现，尤其让我们喜欢的是她和现场老师的互动交流。我在愉快的氛围中不知不觉地学到了知识，让"负性移情、正性移情、转移注意力、现实性焦虑、神经质焦虑、道德性焦虑"等陌生的名词进入我的内心,引发我的思考。青岛市总工会李文胜部长的点评更是精彩,有画龙点睛之效。在我看来,李部长的点评也是一场精彩的讲座。

20日,听了山东师范大学心理学院博士生导师王大伟教授的"EAP的核心环节与运营管理"。王教授引用了党的十九大报告中的一句话:"加强社会心理服务体系建设,培育自尊自信、理性平和、积极向上的社会心态。"他强调了心理健康的重要性。王教授先抛出一个热点话题"上班打卡问题",让大家充分讨论交流,在此基础上给出EAP专家建议——增加一面镜子。人都是有羞耻心的,都有自我形象管理的需要,却常常缺乏对自我行为的有效认识,用一面镜子可以让人们看到自己的不良形象,简单而有效地纠正了不良行为。在EAP核心环节企业需求分析的办法中,访谈的步骤、技巧(三要、四不要),问卷施测、数据分析的具体方法,EAP核心知识的普及和测评以及EAP热点问题,让在座的老师对EAP有了更加具体、更加全面的认识。

第一次参加这样的培训,我不仅仅学到了EAP知识,更有别样的收获。与我同行的九位老师都是专业心理老师,我作为心理学的爱好者有机会参加这样高级别的专业培训,真的很幸福。在这个过程中,在这个心理团队中,我发现,每一位老师都是那么平和,他们的平和也深深地影响了我,让我变得更加平和,更有力量。感谢黄艳艳老师的推荐,感恩九位好友的陪伴!快乐工作,幸福生活!

第六节 从"心"再出发

2018年8月28日下午两点,即墨教研室,心理教研员邸秀娟老师组织即墨心理教师核心团队的十二名成员开了个会,我有幸在列。按照邸老师的要求,我们每个人要分别从三个方面进行发言。

一、我的感受

说实话,与这些心理专家在一起,我很惭愧,因为全场我最"外"。感谢邸老师给我这个宝贵的学习机会,感谢老师们对我的肯定!这次座谈会对于我来说绝对是个震撼。听着老师们细说自己曾经做过的和即将要做的,我非常感动!感动于邸老师率领的心理团队的好学、敬业、无私、合作、奉献。老师们克服种种困难,尽自己所能去做,只为我们的学生,只为我们的老师,丝毫不求回报。我感觉自己要学习的有很多很多,我会珍惜这个平台,努力提升自己,让自己更加平和,让自己更有力量,让更多的学生和老师受益。

二、我做过的

进入这个团队,是一件幸事。自从学校订了《心理健康教育》这套教材,作为班主任的我就积极主动地为学生上心理课,给学生讲一些心理健康方面的知识,也把这些知识运用到工作实践中。我发现,学生很喜欢,效果也很好,我的班主任工作竟也顺畅了许多。

真正接触心理健康教育课程,是参加即墨优质课比赛,没想到还得到了邸老师的肯定,这大大增加了我研究心理的兴趣。后来,邸老师又派我参加了几次青岛市心理教研活动。我对心理有了更多的了解,但同时我也认识到自己该学习的有太多太多,感觉收获特别多。邸老师带领心理教师核心团队做了一系列工作,我也积极参与了,但我没什么贡献,只是如饥似渴地享受着心理人的智慧结晶。尤其是心沟通系列——《同伴冲突篇》《家庭作业篇》《班干部篇》的出炉,对我的班主任工作更是产生了积极的影响。在和学生沟通时我尝试运用"欣赏式探寻"和"先跟后带"等谈话技巧,学生很容易接受,良好的师生关系由此形成。亲子沟通讲座,开启亲子沟通"心"模式,让更多的孩子、更多的家长、更多的老师、更多的家庭受益!亲子沟通讲座之后,我发动家长运用学到的沟通理念和技巧和孩子们说说心里话,家长作业质量的程度之高令我惊讶!紫睿同学写给妈妈二百多字,妈妈洋洋洒洒写给她九百字,真诚的交流感动了我,更感动了紫睿。母女俩紧张的关系由此破冰、缓和,和谐如初,全家高兴!临近期末,通过录制一师一优课、参加青岛市优质课比赛等活动,我更是长进了不少。这期间我得到了邱老师、韩娜、黄艳艳、王立峰四位老师的大力支持,真诚地说声"谢谢"。

2017年,青岛市首批普通中小学名班主任工作室成立。我作为主持人之一,站在更高的平台之上,有了更多的机会接触一些高水平的专家,其中不乏心理专家。我也经常把学到的知识、优质资源和老师们分享。我更多地是发给家长,帮助家长树立正确的教育观念,了解和掌握孩子成长的特点、规律以及心理健康教育的方法,加强亲子沟通,注重自身良好心理素质的养成,以积极、健康、和谐的家庭环境影响孩子,帮助家长遇到更好的自己,从而成就更好的孩子。

我自己更是把学到的心理学知识和班主任工作实际结合起来,进行了探索和实践,并及时总结,写出的小文章《"配套效应"的魔力》《南风悠悠暖人心》《小表扬,大智慧》相继发表。

三、我的打算

今年,根据工作安排,我要去乡镇支教一年。

我打算继续研究"心理学知识在班主任工作中的应用",对新时代农村教育进行积极的尝试,并理论联系实际,了解农村教育和城区教育的不同,寻找适合当地孩子的教育方法。

我积极响应邱老师号召,在班主任情绪管理、亲子沟通、青春期教育、学习策略指导、考前心理辅导等方面认真研究,积极参与,实现效益最大化。

我自己还想对"小学生学习动机的激发与维持"这个课题进行尝试研究,帮助更多的孩子享受学习的乐趣。

我在自己的读书计划里列上心理学著作,争取掌握一些实操性小技巧,让自己成为一个"神奇的"班主任,打造富有心理特色的班主任工作室。

从"心"再出发!

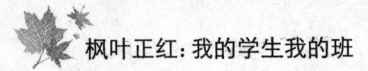

第七节 找寻"心"密码

2018年暑假来临,我期待已久的心理能力提升培训也终于到来了。这一次,即墨邀请到的专家是著名心理学博士、心彼岸心理咨询中心首席专家刘杰老师。五天的培训,我跟着刘老师享受了一段难忘而有意义的心灵旅程。

第一天主题为"青少年心理特点"。刘老师引导我们从"准备好自己""不同的发现理论""了解依恋理论""青春期心理特点"以及"用爱陪伴学生成长"五个层面体验心理的魅力,了解学生身心发展特点,学习用爱陪伴学生成长。

第二天主题为"沟通技能的提升"。我印象最深的是刘老师带领我们通过做"撕纸"游戏让我们深刻体验到沟通的重要性。她还从"沟通的相关知识""认识自我和他人""自我信息服务""和谐沟通从自我成长开始"四个方面对沟通进行了深度解读,并通过一个个趣味小活动,帮助我们了解了沟通的原理,学习用智慧的方式沟通。

第三天主题为"掌控情绪 幸福生活",主要讲了"关于情绪""情绪按钮的相关知识""情绪按钮形成的原因""阻碍幸福的四个障碍""调整情绪从自我成长开始"五个方面的内容。刘老师用生动的小案例让我们真实地感受着情绪的存在,真切地体会着情绪的发生和调整,于是,与情绪共处的能力竟在不知不觉间有了提升,真的很神奇。

第四天主题为"了解原生家庭的秘密"。一开场,刘老师带领我们做了一个小游戏:用右手食指围着脑门画一个大写的Q,画完后,看看Q的小尾巴朝左还是朝右,让我对自己有了不同于以往的认识。接下来,刘老师通过一幕幕情景剧,邀请我们亲自上台参与,一起探讨原生家庭的影响与意义,重新学习"爱的语言",心怀感恩,拥抱原生家庭,构建自己健康的家庭关系,寻找让自己幸福的密码。

第五天主题为"走入家长和学生内心的技能"。刘老师从"人的内在冰山隐喻""建立良好的沟通关系""轻松走入内心的小技能""合理情绪疗法""用爱陪伴学生成长"五个方面串联起前四天的讲课内容,通过一个个体验式活动,让我们真实地感受着心理学融入生活的幸福与喜悦。小活动"我是谁"带给我更多的思考。了解自己,才能更好地了解学生。

感谢刘杰老师的培训,感谢即墨心理健康教育联盟老师的陪伴,让我更有力量前行!

第八节　选我所爱，爱我所选

2018年11月30日至12月4日，我带着工作室来到上海参加"全国中小学（中职）名班主任工作经验交流峰会"，聆听了几位专家的专题讲座：杭州明珠实验学校洪建斌校长的"和谐班级的构建与管理"，上海市十佳班主任冯志兰老师的"家校合作　构建教育共同体　架设家校立交桥"，中国社会科学院特约研究员高子阳的"照亮教师一束光——读书"，北京演艺专修学院滕晨老师的"戏剧教育与学生品德教育"，全国优秀班主任、江苏省特级教师李凤遐的"幸福在这里——班主任职业幸福感的提升路径"，上海市班主任带头人工作室领衔人李岩的"基于互联网时代的班主任工作"。每一场讲座都让我有不同的收获。其中，我印象最深的是李凤遐老师的讲座。

对李凤遐老师我并不陌生。2017年，我带领工作室在南京参加班主任培训的时候，授课专家名单中就有她，但当时是三个会场同时开讲，身在主会场的我们遗憾地错过了她的精彩讲座。这次有幸聆听，我非常高兴。刚走出电梯，就听见会场传来《幸福在哪里》的歌声，原来是李老师提前到了。一见面，感觉无比亲切。1954年出生的李老师，对自己的班主任工作依然充满了无限的激情。接下来的讲座中，李老师娓娓道来，结合自己的人生经历，从教育韧度、教育温度、教育高度三个方面畅谈了她的教育选择、教育方法、教育收获以及如何从职业中获得幸福感，带给我太多的感动。

李老师热爱教师这个职业，热爱班主任工作，她给出的理由是："因为爱，所以爱！""选我所爱，爱我所选！""如果爱，就深爱；如不爱，请离开！""当老师、班主任教育好学生，是人生最有眼光、最幸福、最有价值的聪明选择！""认准的事，坚定不移地努力去做并做好，这就是教育韧度。"李老师对于班主任的体会和感悟是：班主任是一份责任，因此多了些激情与追求；班主任是一方舞台，因此多了些机遇与才干；班主任是一种历练，因此多了些智慧与感悟；班主任是一片奉献，因此多了些价值与崇高；班主任是一段精彩，因此多了些欣慰与回味。李老师说，她愿意当一辈子老师、一辈子班主任，班主任要在过好自己人生的同时，引领学生过好他们的人生。我瞬间感觉，做班主任，真的是很幸福的事情。李老师的每一句话，都说到了我的心坎里，深深地打动了我。

　　李老师的讲座让我认识到，我们做班主任的，不仅要热爱学生，更要会爱学生。李老师用一个个鲜活的案例生动地诠释了师爱的真谛，一个班主任，要会爱学生，首先要懂学生。懂学生的老师，用学生所需要的方式去爱学生，事半功倍，老师爱得自如，师生都幸福；不懂学生的老师，用自己所需要的方式去爱学生，事倍功半，老师爱得吃力，师生都痛苦。所以，我们要做的是给学生需要的爱，不要给学生自以为是的爱。正确而得体的师爱，如春风，吹拂了大地，舒展了自己。

　　我最欣赏李老师的地方是她幽默和蔼、知识丰富、多才多艺、兴趣广泛、心态年轻、热爱生活，是一位有魅力的老师！我要向李老师学习，选我所爱、爱我所选，善待工作，热爱工作，给自己带来健康的"生命态"，从而收获健康幸福的人生。

第四章

读书篇

第四章

公付記

第一节 我读书，我快乐

——"读教育名著、做智慧教师"读书报告

我喜欢阅读，喜欢这样一句话：知识改变命运，阅读滋养心灵。

我希望自己成为一名优秀的语文教师，所以我必须多读书。读和教是相辅相成的，没有高层次的阅读，就没有高水平的教学。要想教好书，先做读书人。

一、书香浸润我的心灵

我的阅读分两种类型。第一类是为丰富课堂的阅读。我向教高中语文的姐姐学习，每学年初，都会用几天的时间，通读教材，将与课文有关的书目列出，确定阅读的目标，按照教学的进度，有序阅读，并根据学生的情况，有重点地记好笔记。教五年级语文时，课文涉及的著名作家有冰心、鲁迅、海伦·凯勒、萧红、苏轼、杨万里等，我就按顺序重读他们的传记和代表作；涉及的知识有《上下五千年》、毛泽东诗词、神舟飞船、克隆技术、秦兵马俑、埃及金字塔、音乐之都维也纳等等，我就提前查阅相关资料、记好读书笔记，以备上课时用。多年来，为了积累教学资料，我时常到书店、音像店去逛逛，有合适的就买；也时常到学校图书室转转，有需要的就借；更多的是上网看看，有用得着的就下载。当然，大量的阅读背后，是围绕着教学内容的精心选择，我的选择一定是有利于学生、服务于教学的。第二类是为提高自己的阅读。我用心阅读教育理论书籍，如苏霍姆林斯基的《给教师的建议》、王晓春的《教育智慧从哪里来》，也读《读者》《青年文摘》《中华活页文选》等杂志，汲取别人的智慧，充实自己的心灵，把从书本上学到的知识运用到教育教学实践中，用来指导自己的教学教育行为，提升自己的教育教学水平。

二、书香滋润我的课堂

多年的阅读、积累和思考，使我的教学也逐渐形成了自己的风格。那就是，努力根据教材内容和学生特点，组织各种学生活动，把课上得丰富多彩。对那些善于表达的学生，我经常组织读书交流会，让他们展示自己的读书成果，为学生搭建了很多展示的平台。有些学生不喜欢写作，但他们非常活跃，有很强的表演才能,也有很强的表演欲望,我就时常组织他们排演课本剧,上课时,演的投入,看的高兴,课堂气氛极其热烈。还有些学生写作不出色,表演也不出色,但他们能说,我就组织他们进行演讲、朗诵、辩论等口语交际训练活动,给他们搭建自我展示的平台。学习《林冲棒打洪教头》时,我们讲《水浒传》中鲁智深、武松等英雄好汉的故事;学习《三顾茅庐》时,我们讲三国精彩故事;学习《司马迁发愤写〈史记〉》时,我们讲《史记》精彩故事。上课时,台上讲得津津有味,台下听得如痴如醉,台上台下都兴趣盎然,课内课外相得益彰,收到了良好的效果。对于安静、不愿表达的学生,我教他们办读书小报,通过小报让大家看到他们的才能。

三、书香泽润我的学生

我喜欢阅读,更愿意带着我的学生阅读,愿意让阅读真正成为我们师生共同的好习惯。开学初,我发给大家每人一张纸,让他们贴在语文课本的扉页上,用以记录自己本学期看的课外书。我们的计划是每周看一本,一学期看二十本。除了从图书室借的图书、从别班"漂流"来的图书,我们还建立了我们班级的图书角:从学生们带来的图书中,我精选了三十五本,我自己又从家里把自己孩子曾经读过的书拿来了三十多本(这些书当时是我和孩子精挑细选的,放在家里睡大觉真可惜)。到期中家长会时,学生的读书总数已超一千本,令人欣喜!至学期末再统计,有四十多位学生完成了自己的读书计划,其中有二十多位学生完成了三十多本书的阅读。

以我带的班为例,在我的影响下,班里掀起了读书的热潮,涌现出许多热爱阅读的小书迷、小书虫。读书最多的管誉昊同学,读了近三百本书,背诵古诗词近四百首;孙湘钧、郑元中等同学都读了一百多本书。在他们的带动下,班里爱读书的学生越来越多了,我们班被评为即墨市书香班级。读书多了,表达就有了基础。对于爱好写作的学生,我就鼓励他们多动笔。我带的这个班经过三年的读书积淀已日见效果,学生的进步令人欣喜:管誉昊、孙湘钧、于子奕、王昊四名同学从七百多名报名者中脱颖而出,入选半岛小记者团;管誉昊的《观十二生肖有感》、于子奕的《用生命保护人民》先后发表在《半岛都市报》上;于子奕的《何处是我家》发表在《新即墨》上;孙湘钧、于子奕的《美丽在身边》获即墨市"美在即墨 美在身边"征文比赛三等奖,孙迅获优秀奖;在晚报联合杯两岸青少年同题作文大赛中,管誉昊和孙湘钧两名同学经过初赛,进入复赛,最终双双闯入决赛,获得二等奖的好成绩,并得到了去台湾省游学的机会。

　　潜心读书的人是幸福的,用心写作的人是快乐的。我喜欢静下心来,做个读书人,多读书,不仅读专业书,也读文史经哲,让自己底子更厚,让自己底蕴更深,让自己底气更足!博观而约取,厚积而薄发。我愿意诵读古今中外经典,为学生,为孩子,为自己一生的幸福奠基。我愿意笔耕不辍,争做作家型老师。

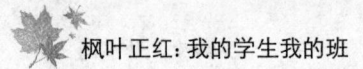

第二节 《教学勇气——漫步教师心灵》读书札记

在"国培计划"示范性小学骨干班主任东北师范大学培训班上,班主任王敬向我们推荐了一本书——帕克·帕尔默的《教学勇气——漫步教师心灵》。作者从关注教师心灵的角度来解读教师,解读教学,解读教育,让我有豁然开朗、重获教育生命之感。

但是,说实话,一开始我有点读不进去。先来认识一下这本书吧!全书一共七章。第一章:教师的心灵;第二章:一种恐惧文化——教育和分离的生活;第三章:潜藏的整体——教与学的悖论;第四章:认识于共同体中——为伟大事物魅力所凝聚;第五章:教学于共同体中——以主体为中心的教育;第六章:学习于共同体中——共事切磋;第七章:不再分离——心怀希望教学。

从头来吧!读不懂没关系,一章一章慢慢地看,总会有收获的。渐渐地,我好像进入了情境,一切都像是自己置身在那个课堂里。我在教学中时常关注极个别走神的学生,竭力地想让他回到课堂教学中心,结果往往是事与愿违,他的开小差不仅搅扰了我的教学情绪,也影响了整体教学策略。虽说这样的事往往不为他人所觉察,因为毕竟课堂上绝大多数学生的表现还是让人满意的,更何况我们课堂纠正个别学生的走神与开小差是司空见惯的事,谁也不会怪罪教师多此一举,甚至在"为了一切学生"的幌子下,这也自然而然地成为堂而皇之的正常教学行为,可这恰恰是我恐惧的地方。面对课堂上那些学生,我的自尊受到了严重的伤害,我表现出令人惊讶的无能,原来是自己不能敏锐地读懂这些学生的行为,更谈不上去感受他们面对我时内心的恐惧了,我也从来就没有按照他们的状况来解读他们,我是以自己的观点来剖析他们。看来我要拓展教与学的能力,否则复杂、冲突缠身的快速变化将会最终消磨我。

读不懂的地方,我的目光就不多做停留;读得懂的地方,我就反复读,细细品味,受益匪浅,使我对好的教学有了一定的认识。好的教学源自心灵的呵护和抚慰,好的教学源自教师自身的认同与完整,好的教学来自以主体为中心的共同体中。帕尔默认为,"真正好的教学不能降低到技术层面,真正好的教学来自教师自身的认同与自身的完整。"教师不仅要引领学生学习知识,还要将"我的自身认同,我的自我的个性,还有身为人师的'我'的意识"带给学生,要以自己健康的心理、健全的人格魅力去潜移默化地影响和感染学生,所以教师在教学实践中要认识不足,不断地完善自己,努力地提升自己的素养。只有这样,作为教师的我们才能认识自我,尊重自我,也只有这样,作为教师的我们才能去尊重处于学习者地位的学生。只有这样,好的教学才能基本上得以彰显。

我们现在最重要的任务之一是"倾听人们说话"。我们的学生在恐惧、沉默的背后,是想去发现他们自己的声音,想去发出他们自己的声音,想让人们听见他们的声音的。一个好教师能够倾听学生甚至尚未发出的声音——这样,有一天,学生才能够真实而又自信地说话。倾听学生尚未发出的声音意味着什么?意味着不断地宽容他人、关注他人、关心他人、尊重他人;意味着不能匆忙地用我们可怕的语言去填塞学生们的沉默,并且不要迫使他们说我们想听的话;意味着充满深情地走入学生的世界,以便他们把我们看成是能一直倾听真话的、言而有信的人。

印象深的还有"悖论与教学设计"。悖论原理不仅对自我的复杂性以及自我的潜能具有指导意义,在考虑课堂动态的过程中,在把握课堂教学环节的教学空间设计中,也都起着指导作用。在进行课堂教学环节的教学设计时,有六种悖论张力有助于教与学的设计。这个空间应该既有界限,又是开放的;既令人愉快,又有紧张的气氛;既鼓励个人表达意见,也欢迎团体的意见;既尊重学生们琐碎的"小故事",也重视传统与纪律的"大故事";既支持独处,又随时有群体的资源支持;这个空间也应该沉默与争论并存。这六对悖论加在一起就是完整的教育学。但要注意的是,在教学中我们所遵从的不是一个固定的模式,而是要考虑怎样将自己的工作方式与这六对悖论结合在一起。

《教学勇气》告诉我们:教师需要心灵之旅,这是出于教师天职的神圣!教育的最高理念是从心灵内部引出智慧内核,用真理启迪生命,引发出学生的鲜活生命潜能。教师在这种心灵之旅中,可以真正体会到自我反省获得的增能过程,从而真正感受到用心灵联系心灵、互通智慧能量产生的巨大力量,真正体验到用心灵联系课程和教学产生的无穷魅力,这是《教学勇气》告诉我们的真谛。热爱学生、热爱学习、热爱教学生涯,这是《教学勇气》给予我们的启迪。

帕尔默的真知灼见，犹如深埋在沙坑里的美丽贝壳，需要我们一点点地去深入挖掘……

第三节 《教育智慧从哪里来》读书反思

《教育智慧从哪里来》这本书我已读了很多遍，一直很喜欢。

闲来无事，作为班主任的我总爱翻翻这本书。遇到困惑，去书中找找答案。类似的案例，把自己的处理方法与专家的分析比对一下，找找差距，然后写写反思，形成自己的教育小案例。有成功，有失败，与大家共享。

一、表扬需要技巧

表扬是一把金钥匙，它能帮助我们挖掘学生潜能，开启学生心智，激励学生奋发努力、快速成长。表扬是尊重学生的表现，也是学生的心理需求，表扬会让学生有尊严地成长。

表扬若能讲求一定的技巧，效果会更好。在良的身上，这个道理得到了很好的印证。良这个孩子，对学习没有太多的热情，但他在我的有效表扬之下，背过了五年级《多一点诗意》上的五十首古诗词。之后他开始背诵六年级的《多一点诗意》，成为全班第一人，这不能不说是恰当的表扬带给了他力量！

在以后的日子里，我教会了良开多媒体，每次他做好了，我都会表扬他，并让全班同学感谢他；笤帚开线了，我和他一起绑好，我表扬他关心集体、乐于助人；心理健康课上我要用赞美卡，他帮我剪心形卡、圆形卡，我表扬他心灵手巧；早上他一进教室就大声读课文，我表扬他是大家学习的榜样；中午他待在座位上安静阅读，我表扬他习惯真好；下午他主动检查多媒体关没关，我表扬他非常负责任……甚至，当他做得不好，我批评他的时候都会让他感觉我在表扬他。

一次，我领着学生订正课堂作业，良一直在玩。我说："如果你认真听讲，我今天给你妈妈发微信的时候，我就可以表扬你，说你在课堂上认真听讲。"他一听，赶紧把书拿出来，并大声告诉我："我已经把书拿出来了。"我说："光拿出来是不够的，还得写啊、改啊，跟上老师的节奏。"然后，他就开始朝着我表扬的方向来了。"良，老师一提醒你就努力去做，真的很棒！"这次的表扬是真的。

二、规则大于权力

平日,我注重培养学生的规则意识,给学生制定规则的权力,并且循序渐进地帮助学生制定了一些他们认为必需的、对他们自身有好处的规则,让他们体会到有了这些规则,他们可以生活得更好,没有这些规则,不但妨碍别人,而且最终会害了自己。我让学生意识到:规则是自己的需要,而不是别人强加给他们的束缚,接纳自己是规则的主人。有规则意识的学生重视规则超过看老师的脸色,没有规则意识的学生才会得寸进尺;有规则意识的人过马路看是不是红灯,没有规则意识的人过马路看有没有警察。

想法很美好,但由于我操作的失误,造成的遗憾不小,写出来,希望看到的人引以为戒。使用规则是要弱化教师的权力,而我,正相反,强化了自己作为班主任的权力,比如说,规则上明确指出少先队员不佩戴红领巾扣一分,有时看到经常不戴红领巾的学生违规我就会扣他两分,多次提醒无效的我还会生气地扣他五分;平日里不写作业扣两分,临近考试时我动不动就扣五分、十分,等等。想扣多少就扣多少,想怎么扣就怎么扣,早把规则的事抛到了脑后。如此这般,我一边制定着规则,一边在不经意间破坏对规则的执行,最终,我变成了规则的化身:我在,规则在;我不在,规则形同虚设,起不到约束行为的作用。

教师是集体的中心。李希贵说:"我们笑一笑,教室的气氛可能会立刻好起来;我们皱一皱眉头,这个教室的气氛可能会凝固半天。因为我们面对的是孩子,所以我们的权力不能滥用。我们要制定相应的规则,还要懂得不要让自己的权力打破这些规则。"很多集体规则因此而被淡化。我们要像呵护荷叶上晶莹透亮的珍珠那样去呵护学生纯净的心灵,我们要培养具有公正道德心灵的学生。因此,我们要小心翼翼,学习使用规则,减少每一次不公正的待遇,让每一个学生的心情阳光灿烂,让每一个学生在班集体中获得心理上的健康发展。

反思自己的教育实践,研究自己的教育行为,争做研究型、智慧型、专家型班主任,我一直在路上。再次捧起这本书,我有了更多的思考。

第四节 《读懂孩子——学生心理学手册》读后感

《读懂孩子——学生心理学手册》是法国知名的心理学家让-吕克·奥贝尔的作品。在这本书中,作者将一个人婴儿时期到青少年时期的心理发展及特点娓娓道来,特别是用课堂和生活中的案例来回答教师在工作过程中所遇到的问题以及这些问题的心理和生理源头,让人读后感觉受益匪浅。

我曾经读到一篇文章,文中称班主任是学生生命中的重要他人,学生也会因班主任对他的评价语而发展自己。举个例子来说,如果一个孩子打了同学,我们就说他"坏",这是没有任何教育意义的,还不如说"你希望同学也这样对你吗?下次别这样做了""你打他,就伤害了他"或者"看,你弄疼他了"更有意义。通过这些思考,我们让孩子学会考虑他人,明白什么是不能做的。如果这个孩子总是得到重复的类似判断,他就会把自己置身于这个角色之中,并真的按照这个角色发展起来。这就是我们所说的皮格马利翁效应:"你说或你认为我是什么样的人,我就是或将会成为那样的人。"这也就是通常人们讲的"心理暗示"。人们会把自己的状态带入别人随意发表的观点当中去。所以,我们当班主任的说话应该慎之又慎,正确、合理地评价孩子,帮助他们不断进步,做好孩子生命中的重要他人。

从书中,我知道了,有很多孩子在课堂上毫无理由地害怕、不敢向前、不敢尝试,那这种理由绝对是来自其内心的。因为这些孩子没有得到足够的或根本没有得到支持和鼓励,总被看低。那么,此时他们就不能在内心建立一个强大的自我。这样的孩子在学校中往往需要我们老师更多的耐心,因为他们需要足够的安全感,需要被帮着重新建立起自信心。我们可以交给他们一项更适合他们的任务,用和善、鼓励的方式跟他们说话,避免任何负面的、打击式的态度和评价,用积极正面的语言和态度帮助他们重建自信。

我想到了两年前教的一个女孩。她因言语发展迟缓,上一年级时课堂上说不了话遭到同班同学嘲笑,之后,课堂上再也听不到她的声音。六年级时,她来到了我的班里。当时我并不知道她的情况,有一次让她起来回答问题,她站着不说话。我鼓励她大胆说,她还不说,后来学生提醒我说她一直不发言。我想,总得让她迈出这一步啊,就让她到我跟前来,我说:"你在大屏幕上把答案指出来。"她微笑着指出了答案。"完全正确!"我朝她伸出了大拇指,"下次,勇敢地说出来,好吗?"她点点头。几天后的语文课堂,小组讨论后集体交流。她们小组发言时,她勇敢地发了言,得到了同学们热烈的掌声。从此,课堂上发言对于她不再是禁区。我很庆幸自己当时付出了足够的耐心,终于打开了她的心结。

  这件事带给我的思考是,我们做班主任的,要努力给我们的孩子创造一个安全的环境,在班级中营造一种普遍的安全感,让每一个孩子感到舒适;要努力做一个"足够好"的老师,可靠,懂得尊重,公平公正地对待每个孩子。

  读了这本书,我们不敢说了解、懂得孩子,但至少没有疑惑就是重要的第一步。了解孩子、知道他的动机并不一定能解决所有的问题,但让我们在探索答案的道路上又进了一步,因为了解、懂得孩子可以减少孩子现有的或即将面对的焦虑。少一点焦虑,多一些平和,让我们更有可能找到解决问题的方法。我希望能与孩子们一起走过充满成功还能分享喜悦的道路。

第五节 《轻轻松松当好班主任》读后感

因为心中"轻轻松松当好班主任"的美好愿望,田冰冰老师《轻轻松松当好班主任》这本书,我是一口气读完的。读完后,整体感觉是细致、可操作性强。

仅仅读了第一章,我就服了:"开学前准备如此细致,开学后工作能不轻松吗?"工作就从一场"走心"的学情调研开始了。我印象最深的是"打一个温馨的电话",首先自报家门,表达诚意;然后简单了解孩子的情况;最后对开学要事进行说明,并对家长表示感谢。打电话时语言要简洁,语速不宜过快,过快会给家长留下一种慌慌张张的印象,让家长缺乏安全感;也不宜以煲电话粥的方式去和家长长谈,这样会增加负担、降低效率。后面,田老师还暖心地附上电话交流模板和特殊情况下的应对措施,细致至极,可操作性极强。

"打造个性十足的新班规划",更让我对田老师工作的细致和创新赞叹不已。常规工作自不必说,最吸引我的是特色工作,其中,有源自班主任特长的设计,有源自家长资源的设计,有源自时令特点的设计,也有源自学校重点工作的补充设计,后面附的特色活动规划让我看到了田老师的用心。

"备齐物资,为开学做好准备",田老师更是将细致发挥到了极致。从老师,到家长,到学生,既有准备什么,又有如何准备,还有为什么这样准备,一目了然。万事俱备,静待开学。

看到这儿,我知道了,田老师的轻松是源于前期准备的细致周到。凡事预则立。有目标,有计划,有落实,所以游刃有余。系统规划、整体思考、稳步开局,让班级工作更加从容。这是我最需学习的地方。

下面的"和而不同,民主管理""张弛有度,调控课堂""招招出新,创意经营""协同经营,团队建设"等内容更是引人入胜、异彩纷呈。我最感兴趣的是"五招培育常规好习惯",即善用训练、善用鼓励、善用眼神、善用评比、善用调控。向田老师学习,不断赋予课堂常规以新时代的含义,完善和创新课堂常规的管理策略,变管理手段为灵活的调控手段去激发每个学生的潜力,使其自觉主动地投入课堂中,生发出更多的精彩。

总之,《轻轻松松当好班主任》值得一看。

最后,对自己说一句:"班主任成长路上,行动起来吧,把每个细节做精致、做到位,清晰、坚定地走下去。"

第六节　巧用心理效应，做智慧班主任

——读《教育中的心理效应》有感

2017年9月新接的五年级(3)班里有三个很特别的学生：第一个，上课不能集中注意力听讲，喜欢玩各种小东西，爱表现自己，愿意发言，但经常说不到点上；第二个，发言特别积极，说得也到位，但唯我独尊，叫了别的同学回答问题他就哭；第三个，上课基本不听、不学，还经常下位影响别人。先不说这三位课下矛盾纷争不断，单课堂上的表现就够老师受得了，只要他们三个出声搭言，那这堂课就不会安宁了。平时上课这样，考场上也是如此，搞得监考老师都头疼。我被他们搞得天天焦头烂额。

后来，我得到了一本书，一本令我爱不释手的书——《教育中的心理效应》。于是，一切都变得美好起来。

一、课堂管理中的潜规则——80-15-5法则

看了《教育中的心理效应》的"课堂管理中的潜规则——80-15-5法则"之后，有一种豁然开朗的感觉。在以后的日子里，我不再和他们正面冲突，而是以预防为主，根据"80-15-5法则"来分别准备：课前加强备课，集中精力组织课堂教学，让自己的课堂更有魅力和吸引力，满足80%的学生学习的需要，预防可能发生的问题；当那15%的学生对课堂学习环境产生负面影响时，就采用提问或言语、手势、眼神提醒，使他们很快回到正确课堂行为上来；对于那5%的特别学生，我想方设法"各个击破"，尽量不去触碰他们的底线，以免把他们"逼上绝境"，自己也下不来台。对于那两个积极发言的学生，我首先肯定他们积极的学习态度，及时地表扬他们。若产生了"官司"，只要不产生恶劣的影响，也暂时不去过多关注，以免引发他们的"斗志"。这样一来，我的烦恼少多啦，效果也还不错！

课堂上这样，平时的管理亦是如此。

二、自己人，什么都好说——自己人效应

我深知，亲其师，才能信其道。平日里，我把学生看成是自己人，充分应用自己人效应，平等地对待每一位学生，设身处地地为学生考虑，使学生接

受自己、喜欢自己,做学生的知心朋友。我们一起唱一起跳,一起欢乐一起笑,甚至一起哭泣一起叫。我和学生一起组织了他们喜欢的丰富多彩的活动,"优点卡"让每个学生懂得了欣赏,"跳大绳"让学生明白了合作的重要,"天使计划"让学生感受到了互相关心、互相帮助的魅力,"幸福日记接力"则带给学生满满的正能量。一系列活动的举行,增强了班级凝聚力,增进了同学之间的友谊,更重要的是拉近了师生间的情感距离,使整个班级成为一个温暖和谐的大家庭。

三、你喜欢他,他就喜欢你——互悦机制

小良,数学、英语二三十分,语文使使劲能及格,但满分五十分的品德与社会每次都能考四十五分以上。我很奇怪,这孩子怎么喜欢学品德与社会?跟教品德与社会的丁保芹老师交流时,丁老师说,刚开始教他时也不学,就是有一次在上学路上遇见他,拉着他的手一起走,跟他谈了一次话,那之后他在品德与社会课上就特别爱学习,表现特别好。我就问他:"是因为丁老师表扬你?"他摇摇头。"你喜欢丁老师?"他点点头。这就是"亲其师,信其道"啊!我接着问:"小良,你跟我说说,我该怎么做,你才能爱学语文?"他说:"你这样就挺好的。"我内心一阵激动:原来,他没放弃我,就像我不打算放弃他一样。幸亏,我一直没放弃他。虽然我也表扬他,但是自己并没从内心看好他,他是有感觉的啊!我告诫自己,发自内心地喜欢他,欣赏他,让他也喜欢上我,从而走进一个良性循环。下学期,不,从此时此刻起,我要告诉自己,也要告诉他:他是被接纳的,被喜欢的,我们一起迎接新生活的到来。

四、3+1不等于5-1——心理加减法

3+1不等于5-1,有时候还可能大于5-1。举个例子,现在有一筐新鲜的大苹果放在我们面前,好客的主人要把这些诱人的苹果分给大家,可是他不知道这筐里究竟有多少个苹果,也不清楚到底来了多少客人。他只好试着先给每个人分了3个,可是后来发现苹果还有剩余,于是每人又多分到1个。你拿着后来分到的苹果,心里美滋滋的。如果主人一开始给大家每人发5个苹果,可是后来却发现不够了,只好又从大家手中要回1个苹果补给其他的人,这个时候你的心理感受会比第一次差很多。我们手里不都是4个苹果吗?为什么心理感受就那么不一样呢?这正好验证了3+1>5-1这个不等式。

书中还举了一个聪明妈妈的例子,她巧妙地利用这个心理效应,帮助孩

子爱上了英语。孩子活泼可爱，可就是不爱学英语，尤其不喜欢背单词。妈妈知道了，就和孩子约定，每天和他划拳决定，如果孩子输了，就必须认认真真地背半个小时的英语单词。接下来的一个星期，这个孩子每天都在想着怎么赢拳。一个星期后，妈妈突然改变规则，规定孩子划拳赢了才能去学英语，否则就不许再碰英语书。这样，学英语一下子变成了一种必须要努力争取才能拥有的权利。这对孩子造成了一种异样的心理冲击。虽然划拳输赢的概率各占一半，但代表的心理含义却不同。这个孩子从此逐渐喜欢上学英语了。

我联想到青岛58中的王克伟老师的讲座，有一点印象很深：做好"心理加减法"，迈开班级管理第一步。王老师讲述了班主任管理班级的两种情况。第一种情况是管理的初期严格异常，处处按学校和班级规章制度处理违规和表扬遵守规则的学生，随着时间的推移，逐渐宽松。第二种情况是管理班级的初期，班主任比较宽松，但发现不遵守纪律的学生逐渐增多，于是加强管理，越来越严格。根据"心理加减法"效应，我们都会选择第一种情况，因为人们总是习惯于得到，不习惯于失去；习惯于条件由坏转好，不习惯于条件由好变坏。

王老师还提到了一个"空白效应"，对我启发也特别大。教师要善于在表达方面留白，针对某些问题，不妨先不说出自己的观点，让学生去想、去说，让学生有表达自己意见的机会；教师要善于在思考方面留白，教师不去分析，而是给学生思考分析的机会，让学生独立地思考、判断和面对，学生的分析能力就会逐渐提高；教师要善于在批评方面留白，不表达愤怒，给学生自己思考、自己去责备自己的时间，这样学生就不会有一种被穷追不舍的感觉，反抗心理就会锐减。

我真的很喜欢心理学，真的很喜欢《教育中的心理效应》，真的希望自己从心理学中得到力量，从而更加坚定、柔和、温暖地爱着我的学生。

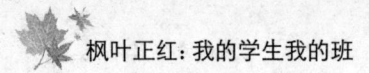
枫叶正红:我的学生我的班

第七节 《正面管教》读后感

  2018年暑假,"国培"班同学、广东东莞的王辉敏工作室组织了关于正面管教的网络直播课,我非常感兴趣。我多次询问即墨新华书店想买《正面管教》这本书,未果,后来终于在网上买到了我心心念念的《正面管教》。

  翻开这本书,我慢慢地细细地读着,开始真正了解了正面管教。正面管教是一种既不严厉也不娇纵的方法,它与其他管教方法的不同是,对大人和孩子都不造成羞辱。它以相互尊重与合作为基础,把和善与坚定融为一体,并以此为基石,在孩子自我控制的基础上,培养孩子的各项人生能力。我从书中知道,当大人用过度控制的方式来管教孩子时,孩子们依靠的是"外在的控制",是大人始终在为孩子的行为负责。父母和老师们最常使用的过度控制方式就是奖励和惩罚。在这种方式下,大人必须随时捕捉孩子的好行为并加以奖励,随时捕捉孩子的坏行为并予以惩罚。这样,承担责任的是大人,当大人不在场时孩子们就不会为自己的行为负责了。

  没读这本书之前,我只认为"惩罚"是过度控制,原来曾被自己看成法宝的"奖励"竟然也是过度控制方式!这引起了我深深的思考。值得庆幸的是,带领孩子们制定班级公约这事,自己坚持了好多年,做得挺扎实的,正好符合了正面管教的理念。孩子们更愿意遵从他们自己参与制定的规则。当他们学着做一名对班级有贡献的成员时,他们就会成为有健康自我概念的高效决策者,这也是正面管教要达到的重要的长期效果。

  书中还有一些观点引起了我的反思,下面这些小技巧更值得我学习。

  着眼于优点而不是缺点:比如,我们的学生可能85%是优点,15%是缺点,当我们把85%的时间和精力都用来关注15%的消极方面时,消极方面就会膨胀,而积极方面不久就会消失。另一方面,当我们把85%的时间和精力都用来认可并鼓励积极的方面时,消极方面就会消失,而积极方面就会增长到100%,因为这是我们所看到的全部。当我们关注积极方面时,对自己和学生而言都是令人鼓舞的。即使学生有一些不良行为,也尽量把它转向积极方面。

  鼓励与赞扬不同:以前没想过这两者之间的不同,以为都是激发学生正能量的,都能帮助学生越来越好,现在看还真不是这样。赞扬可能会促使一些学生改善行为,但这些学生也有可能变成"总是寻求别人认可的人",他们长大后就可能会形成一种完全依赖于别人的观点的自我概念。赞扬指向做事的人:"好丫头。"鼓励指向人的行为:"干得好。"赞扬经常是评价式的:"我喜欢你的做法。"鼓励一般是自我指向:"我感谢你的帮助。"赞扬剥夺人的自我成就:"我为你得了个 A 而骄傲。"鼓励承认对方的成就及其努力中的责任感:"那个 A 反映了你的辛勤努力。"赞扬的长期效果是让孩子依赖于他人。鼓励的长期效果在于能让孩子自信。即使赞扬看上去挺管用,我们也不能仅看到它的即时效果而忽略其长期效果。我们应该学习的是尊重孩子,并通过鼓励培养孩子的自信。

无言的信号:开学后,不管教几年级,作者都要用起这无言的信号。第一个信号是上课铃响之后要求学生发给作者的信号——全班安静坐端正,右手压左手放桌上。这表示他们已经准备好听课了。第二个信号是作者发给学生的信号——作者拍一下手,听见这一下拍手的学生都跟着拍一下手。然后,作者再拍两下,听到这两下拍手的学生自动加入到回应两声的队伍中来。作者用这样的方法让一个混乱的班级迅速安静下来。

"你一……我们就……":举个通俗点的例子,"你一收好你的玩具,我们就去公园。"这句话通常比下面这句话更有效:"如果你收好你的玩具,我们就去公园。"前者在孩子听来是和善而坚定的陈述,表明了在规定的条件下你愿意去做什么。后者在孩子听来(而且往往也是大人的本意)却像是对权力竞争的一个挑战。很多老师发现"你们一准备好,我们就开始上课"这种说法很有效,因为它具备了尊重自己、尊重学生、尊重情形需要的态度。开学后我要亲自验证一下。

看看《正面管教》这本书吧,它会带给我们很多的启发。

第五章

日记篇

2007年12月10日

今天的全校教师会上，车爱平校长宣布了一个重磅消息：要取消双语班了。这意味着我辛辛苦苦经营了五年的班级即将"四分五裂"！听到这个消息，我流泪了。我想了很多很多，从这帮学生的一年级想到他们的五年级，想到与他们朝夕相处的每一天……

2003年8月，送走了优秀的六年级(4)班，我接手的是五年级(2)班。很快，我和学生成了好朋友，班级各项工作迅速走向规范。期中家长会上，我和家长们的一番激情交流，更让我们对接下来的工作充满了新的期待。这时，令人意想不到的事情发生了：学校领导决定调我去教一年级(5)班的语文并担任班主任。学生们哭了，我也哭了。学生自发去校长室请愿，也被校长劝退了。大家都知道：一年级(5)班原先的老师请了病假；代课老师更换频繁，家长议论纷纷，学生一盘散沙，一时间一年级(5)班成了全校"关注度"最高的一个班级。一边是走上正轨、得心应手的五年级学生，一边是一个乱摊子，怎么办？

当时的我犹豫了，但我知道学校领导做这个决定有多艰难，也知道一年级(5)班的家长有多着急。没有太多时间的犹豫，没有太多的借口和推辞，我做好了五年级学生的工作，很快站在了一年级(5)班的讲台上，成为一年级(5)班第8任语文老师兼班主任。我的就职演说很简短，却让每一张小脸兴奋起来："小朋友们，我不是代课老师。从今天开始，我是你们的语文老师，是一年级(5)班的班主任。"可是，困难远远超乎我的想象。如果说刚入校的学生是一张白纸，那么良好的习惯就是一幅画中和谐的线条，当时一年级(5)班学生身上养成的不良习惯已如胡乱涂在纸上的墨迹，需要彻底地擦干净才能恢复原始的状态。同事们戏言："别的一年级从零开始，你要从负数开始。"多少次，我在课堂上大声地讲，学生在下面东张西望，我想点他们的名，可因为没认过来叫不出名字，只能点"那个穿黄衣服的小男孩坐好了"，可他根本不知道老师是在叫他。我只好转向其他学生："他叫什么名？"马上就有很多个声音拉着长腔告诉我他是谁，还有一些哈哈笑着看老师的笑话：这老师，连学生名都不知道，还当老师？

还有一次，我训练学生站队，他们在教室里挤来挤去，没办法，只好带到走廊，这下好了，又跑又跳，又打又闹，走廊里似炸翻了天，哪里还顾得上站队！我怕被领导找,就赶紧拉着队伍来到操场,一到操场我就后悔了,场地更大了,光景更多了,学生们都撒欢儿跑着,叫回这个,那个又跑了,简直是"热闹非凡"!望着四下跑着的学生,我欲哭无泪。正在这时,我五年级(2)班的学生过来了:"张老师,您好吗?我们想您!"我的眼泪瞬间决堤。那个时候,我觉得自己简直是太难了!但当时的情况是,我无法放弃,也不想放弃,只有坚持,用我的眼泪无奈地坚持着,用我的爱心执着地坚持着,用我的责任心顽强地坚持着。渐渐地,一年级(5)班有读书声了,一年级(5)班能站出像样的队伍了,一年级(5)班的成绩追上来了……我却静静地在病床上度过了元旦的休假。有谁知道,为了让这帮小家伙记住我,为了让家长们熟悉我,我连续一个月穿着同一件外套:我怕一换衣服,学生会不认识我了,也担心学生和家长误认为又换老师了。这期间还有个小插曲,因为这个班频繁换老师,家长们都被换怕了,天天等在门口看出来送学生的是谁。一天一位同事听一个家长说"是不是又要换老师了",原因是他看到出来送学生的和头一天的那个老师穿的衣服不一样。我说:"这家长真不嫌事大,换老师这话也敢说,让那些天天等候在门口的家长听到可不得了,我不是走得急忘了穿外套了嘛!"此后的一个月,我天天穿着同一件外套,周末洗干净周一接着穿,以至于邻居阿姨跟我婆婆说:"你媳妇是不是就一件衣裳?"常规上道这只是第一步,最难的是学习,教学质量是我们学校教育的生命线啊!只有看到学生的成绩,家长才能真正放下心来。我接班时,正好是期中考试结束,不及格的就有十几个。接下来的半个学期,我需要给学生补学拼音,还不能耽误新课的进行,以至于当时的刘智谟校长天天问我能不能讲完课。这期间的苦和压力自不必言说,但最终的结果很好,苦尽甘来。因为当我们全身心地付出时,学生们知道,家长们知道,赢得了学生,赢得了家长,我们就一定会成功。

转眼间,学生们都上五年级了。升入五年级的一百多天以来,我们一起努力,一起欢呼!捷报频传!9月份:环秀办事处教师节庆祝大会上,郝怡、孙磊主持,郝怡、孙磊、李竹安与郭雪梅老师同台演出,郝怡、孙磊、李娜、温露、于欣、张莉一起表演舞蹈,谭嘉俊、宫晓晖、王帅先一起表演小合唱;有十八位同学背过了《古诗大声读》上的一百二十首诗。10月份:李竹安参加了即墨市象棋比赛,郝怡参加了即墨市演讲比赛。11月份:班级文化展示牌获得一等奖,俞孟杞、孙正、于欣、刘艺、谭嘉俊、高小峰作品上榜;校园集体舞比赛获得第二名;阳光冬季长跑比赛获得第一名,参赛队员有万茂祥、张莉、王维、郝怡、温露、谭嘉俊、孙伟耀。12月份：李竹安、孙正、谭嘉俊、孙伟耀参加即墨市科学实验比赛。

就在刚刚结束的学校古诗文诵背比赛中，代表我们五年级(5)班出战的李竹安、孙伟耀、孙正、谭嘉俊、宫晓晖五位参赛选手，分别以二百一十五首、一百七十一首、一百六十首、一百五十四首和一百四十九首的优异成绩位列第一、三、四、五、六名，真为学生们感到高兴！

一说到背诗，总有一种成就感，在接这个班之前送的那个毕业班，就是在附加题上凭借古诗文积累的优势获得了办事处语文第一名的好成绩。

这么优秀的学生，这么优秀的班级，却即将不再属于我⋯⋯想到这儿，我的眼泪又淌满了脸。

我得为我的学生留下点什么，我要把亲爱的学生、宝贝的孩子写进日记，写进我心，永远珍藏。所以，就有了我的第一篇日记；所以，就有了以后的很多篇日记。

2008年2月16日

今天，接到学校通知，让我准备一下，在环秀办事处全体教师会上进行班主任工作经验交流。我头一次接到这样的任务，很激动，赶紧动手。

如何做好班主任工作，是我们班主任老师永恒的话题。作为一名普通的班主任，我最大的感受是：抓实、做细、尽心、尽力。

"抓实"，就是按照学校要求，扎扎实实、不折不扣地抓好学生常规和班级活动。在抓好学生常规上，我跟得上，靠得紧，小问题及时清，学校的要求天天讲。我采用班级事务岗位责任制，由"班级小主人"排行榜上的学生共同管理班级。为了进一步提高班级管理的水平，我在班上建立了两个小本子："星星点点"和"小刺猬"。我们推选了一位公正无私的"小法官"，由"小法官"对全班同学进行了一个月的观察、记录，最后选出了六位以身作则遵守纪律的小监督员轮流值周，好的方面记录在"星星点点"本子上，反之则记录在"小刺猬"上，一周一总结，一月一评选，评选出的"小星星"发喜报鼓励。现在小主人各司其职，班级呈良性发展态势。

为了抓好古诗文经典诵背，我从一年级就开始打基础。几年来，我采取了一分钟背诗、表演背诗、三分钟赛诗会、诗配画、吟诵、唱诗等各种形式做实这件事，效果很明显，到五年级上学期有二十多个同学能把《古诗大声读》

这本书全部背过,有的同学能背过二百多首。在学校古诗文诵背比赛中,我班五名参赛学生全部进入学校前十名。

"做细",就是从细节入手,把工作做细致。比如学生的写字,从"三姿"到书写质量,我时时提醒学生注意。学校的各项活动我都认真组织,鼓励学生积极参加,详细制订活动计划,使每项训练有条不紊地进行。在阳光冬季长跑比赛训练时,为提高训练质量,我特意请教了王永涛老师,他说不能光看训练的数量,还要关注训练的强度。在王老师的指点下,我带领学生科学训练,取得了级部第一名的好成绩。从一年级的倒数第一到五年级的正数第一,一年上一个名次,全班沸腾了。在学校举行的校园集体舞比赛、素质展示牌评选等活动中,我班也取得了优异的成绩。这些活动,凝聚了学生的意志,鼓舞了学生的斗志,树立了良好的班风。

要做好班主任工作,更重要的是走进孩子的内心。五年级的孩子长大了,懂事了,不再仅仅为了小红旗、漂亮贴画和那看不见摸不着的几百分而努力,他们看重的是心灵的交流,知道了尊重别人和被别人尊重都是一种幸福。怎样走进孩子的内心呢?我采取了写日记的形式。日记的对象是我的学生,日记的内容是学生的成长足迹,有在办事处教师节庆祝大会上的精彩演出、主持,有在即墨市象棋、演讲、科学实验比赛上的出色表现,也有在学校集体舞、古诗文诵读、阳光冬季长跑比赛中骄人的成绩,更多的是学生平时的点滴进步和他们的喜怒哀乐。最难忘去年12月19日的日记,那天我们学习了《绿色千岛湖》一课,那是我感觉最好的一堂课。上课前我是这样说的:"昨天,孙一静同学走进了张老师的日记,她的钢笔字得了好多红圈圈呢!今天我要继续寻找,看看哪位同学能走进老师的日记,走进老师的心中?"学生积极性大增。现在,走进我日记的有三十多个学生了。每当听到自己的名字在老师的日记里出现,孩子们就兴奋异常,因为走进张老师的日记就是走进了张老师的心中啊!

作为一名班主任,我重视教学生做人、求知,更注重与学生的思想、情感交流。我努力让每一位学生都乐意向我敞开心扉,同时也努力让自己走进学生的心灵,与他们心心相印、息息相通,使他们具有健康的心理、完善的人格。每个班级都有不同的特点,要带好班级,做好班主任工作,抓实、做细必不可少。这个过程,更需要我们尽心、尽力。

2009 年 8 月 30 日

今天,对我来说是一个特别难忘的日子。离开工作了 16 年的城南小学,我来到了新建校——即墨市长江路小学,开启了我从教生涯的新篇章。一直听说,局属小学的教研氛围特别浓,这正是我特别期待的。我一定要努力学习,多读书,多向身边优秀的同事学习,让自己成长得更快。教育日记也继续写下去,名字就取《长江印象》吧!

2009 年 9 月 10 日

今天,过了一个与众不同的教师节。市委书记郑明辉、市长张德平来校为长江路小学揭牌,教育局局长孙红松、校长宋云明,还有好多领导和教育界人士参加了这个仪式。来宾们纷纷赞叹:这所学校真是气派!作为长江路小学的一分子,我非常自豪!我决心在长江路这方热土上,继续用心从教,开拓一片新的天地。

2009 年 9 月 17 日

每人一节的亮相课轮到我了,我讲的课文是《做一片美的叶子》。李建辉副校长带着全校的语文老师来听课,课后进行了互动评课。领导和老师们口中的"舒服、细心、耐心、写字好"等字眼,让我有了更多的自信,谢谢领导和老师们的肯定!当然,他们也给我提出了好多建议,谢谢领导和老师们!相信在如此好的教研氛围中,我会进步得更快!为自己加油!

晚上,趁热打铁,完成了课后反思,同时写完了第一篇随笔。

睡前,看了《青年文摘》上雪小禅的一篇文章《已经很好了》,我很喜欢。

能来到向往已久的局属小学,对我来说,真的已经很好了。我非常感激生活的赐予!如果能经常对自己说一句"已经很好了啊",我们的生活一定会更加幸福!我要快乐工作!我会幸福生活!

2010年7月11日

今天有件高兴事,写的小论文《激情求"真" 教学贵"活" 育人重"实"》发表在《青岛大学报》第6期上!现在把该文摘要附在后面。

"摘要 品德与社会课程是一门以儿童社会生活为基础,促进学生良好品德形成和社会性发展的综合课程,其基本理念是以帮助学生参与社会、学习做人为课程的核心,以儿童的生活为课程的基础,以教育的基础性和有效性为课程的追求。文章引导学生跟与自己生活密切相关的社会环境、社会活动和社会关系交互作用,不断丰富和发展自己的经验、情感、能力、知识,加深对自我、对他人、对社会的认识和理解。"

2011年8月28日

今天读了《红蕾·教育文摘》2011年第4期中的一篇文章《教育,要有足够的耐力》,感触颇深。

一直认为自己是很有耐心的老师,读了此文后,才知道自己不够耐心、缺乏耐力。回想起上学期自己的所作所为,更是汗颜。

班里有两个学习很吃力的学生,基础差,又不努力,成绩很不理想。我也曾经付出很多,个别辅导、找学习好的学生帮助,最终因收效甚微而不了了之。期末复习时,时间紧,压力大,加之没有成功感,两位彻底放弃了自己,不仅不学习了,还拉着同桌玩了起来。这可不行,我绝不允许他们自己不学还影响别人。多次提醒无效,我一气之下把他俩调成了同位,明着对他俩说:"这下你俩比一比吧,看看谁能比过谁!"心里却生他们的气:"玩吧,使劲玩吧,早晚把自己害惨了!"好家伙,这两位玩得不亦乐乎,全然没有了学习的概念、上进的动力,我心里甭提有多着急了!成绩一出来,果不其然,还是老样子。

其实我也知道:即使是暂时落后的学生,也有上进的愿望,人总希望往高处走嘛!现在想一想,就是自己这个做老师的不好,为什么不能再多一分耐心、再多一分耐力呢?文中说得多好:"足够的耐心来自对教育事业的忠诚,对神圣使命的执着","足够的耐力来自对教育原理的尊重,对教育规律的遵循"!

我们是要让学生共同进步，但不能奢望一个步调，我们的任务就是引导学生在各自的基础上取得进步。像前边提到的这两个学生，也许他们已经够努力了，但是没有获得相应的成就感，他们本身就已经够苦恼的了。我们绝不能在他们失败的时候、在他们一错再错的时候不再相信他们，甚至流露出失望的情绪，这样会毁了他们的。这些特殊的学生，虽说厌学、犯错、捣乱，但他们没有失去潜在的自尊，而且往往比平时更为敏感。因此，这时我们更应该注意态度、讲究方法，怎能弃他们于不顾呢？所以，最终害了学生的不是他们自己，而是我这个没有耐力的老师啊！

好在我有机会弥补，因为我及时地看到了这篇文章。我一定好好反思自己，运用科学的教育艺术，激发学生的学习热情，激励学生积极上进，让他们体验到成功的喜悦、学习的快乐。我相信，自己一定能做到！感谢《红蕾·教育文摘》，是她，给我敲醒警钟；是她，让我"悬崖勒马"；是她，助我走向成功！

2013年9月2日

开学第一天。今天学《我们爱你啊，中国》，作强发言非常积极，而且精彩，为作强加油！表现优秀的还有湘钧，全班就她一个在课文学之前就背过了，而且正确、流利、有感情。吉初也大胆地让我检查，背得很好，勇气可嘉。

中午，2003届小学毕业生清清给我打电话，告诉我她和同学晓东都选择了学校，拿到了调令，正式踏上了教师这个光荣的岗位，另一个同学彬彬也分到了即墨二中。我们一起回忆起了当年的点点滴滴，感觉特别好！清清说，她印象最深的是，我写字很好看，他们都偷偷地跟我练，我还带着他们背了好多诗，对他们以后的语文学习产生了积极的影响。当我告诉她，当年我们这个班语文以102.1分的成绩勇夺办事处第一名时，她惊讶了：我们还曾经有过这么辉煌的历史！我说，我还留着当年的成绩单呢！那真的是我们的骄傲。值得骄傲的还有我们这个班的书写，写字认真漂亮的孩子得占到一半，学校少先队室展出的手抄报我们班的总是最好。

说起这个班，我印象特别深，那是我教的第一个毕业班，感情也特别深。如今，这班孩子大多已走上工作岗位，有在教育战线的，有在银行系统的，有在青岛电视台的，还有出国留学、学成归来的。很多的孩子跟我联系，无一例外地都说到了对我印象深，对这个班感情深，感谢我当年对他们的好。和心元同学微信交流，小伙子给我发过来几张照片，是他2003年5月写的周记（周记中的"非典""申奥"等词都带有时代的印记），上面有我批阅的痕迹，他还说，现在读起来都暖心。说实话，更暖心的是我呀！我们做老师的，当看到自己的学生学有所成、愉快地生活时，我们的成就感是无与伦比的。这些事也给我们提了个醒，我们做老师的，一定要为人师表，对待学生慎之又慎。要把学生看成20年后的朋友，不妨经常想想眼前的一个个稚嫩的孩子20年后会是什么样子，这样我们的眼光就长远了。

2013年9月4日

我检查孩子们的草稿，惊奇地发现胡绪晨、孙迅的书写变化最大，字很漂亮，还非常认真，真的希望他们能坚持下去。看了孩子们的一篇篇题目新颖的作文，我对这次作文批改充满了期待，期待着欣赏他们漂亮工整的书写，期待着他们充满个性的作文题目，期待着寻找他们作文中的亮点，期待着分享他们习作的快乐。

下午第二节课，我们继续学习《把我的心脏带回祖国》。这节课一个主要的目标就是背诵第二自然段。为了减轻孩子们的负担，我加强了背诵方法的指导，把这段分为告别、送行、叮嘱、送礼、收礼五个小层次，每一个层次有一两句话，一个层次一个层次地背。第一个层次，我采取的方法是点出时间、地点、人物，然后让学生背；第二个层次理解大体意思后再背；第三个层次，我采用的方法是用心读三遍，我直接检查背诵；后两个层次采用自己喜欢的方式练背。指导第三个层次时，我正站在邹玉健旁边，我说："赶紧读三遍，读完后背给全班听。"玉健背过了！我太高兴了！看样子，这个孩子真不简单！他自有他的过人之处。

每个孩子都有自己的特点。充分尊重他们的个性，发挥他们的特长，每个孩子都会展现自己独特的风采。

2013年9月12日

今天，我在宋云明校长的带领下，去即墨青少年实践教育基地参加2012—2013学年度教育实践活动总结表彰大会，江黎明局长亲自为我颁奖："即墨市实践教育工作先进个人"，我感觉非常荣幸！我一定要努力工作，对得起这份荣誉。

下午第三节,我指导学生读第六课《最后的姿势》,效果特别好。我先和学生一起认认真真把课文读了三遍,每一个学生都在用心地读,感觉好极了!读完后,我问学生:"有没有这样一种感觉:读到某个句子或某段文字时,想流泪,或心一揪一揪的,或身上有一种异样的或发冷或发热的感觉?"绝大多数学生表示有同感。孙迅找的是倒数第二自然段,并且有感情地读了这一段。管誉昊读得更好,更抓人心。我告诉学生这是我读第二遍时最感动的地方。张浩找的是第八自然段,这正是我读第一遍时最动心的部分。宫作强、孙德不约而同地找了第十段,这正是点明中心的部分。我问:"猜猜我读第三遍时最动心的是哪段?"很多学生抢着回答,我叫起的是姚一卓,她说:"最后一段。""正是!"我的学生们太厉害了!他们可会读书了!真不能低估他们的水平!只要激发他们朗读的积极性,他们会读得非常好。

　　下午第一节课孙晶晶主任带领全体语文教师进行教研活动,很喜欢她送给大家的一句话,大意是这样:"干自己喜欢的工作,喜欢自己正在干的工作。"

2013年9月30日

　　期待已久的校秋季运动会终于开幕了!这一天,注定是一个不平凡的日子;这一天,硕果累累:团体总分第一、优秀方队、精神文明班集体;这一天,感动多多:王昊妈妈、子奕爸爸、忠昊、昱廷……

一、我们的成绩单

　　吕民腾:100米第三、200米第一;孙德:100米第六、跳远第四;于子奕:100米第一并破纪录、200米第一并破纪录;王昊(女):400米第一并破纪录、1500米第一并破纪录;高忠昊:400米第一、1500米第一;江昱廷:400米第二、1500米第二;宫婕:400米第四、1500米第三;宋雨:垒球第四;董俊龙:垒球第二;宋慧:跳远第六。总得分:117分。运动员奖励分:高忠昊22分,吕民腾19分,董俊龙10分,孙德9分,江昱廷20分;王昊36分,于子奕32分,宋雨8分,宋慧6分,宫婕12分。稿件播出:张佳蓓、孙迅、赵煜。

二、感动我的只言片语

　　王昊妈妈:"张老师,运动会我赞助咱班32个花把,黄的、绿的、红的、蓝的都有,您需要什么颜色的?"于子奕:"张老师,我爸爸给我买了4面国旗,他说万一有谁忘拿了好备用。"孙迅:"张老师,我把稿件收起来了,都整理好了,该加的分也已加上了。"高忠昊:"张老师,我要跑,我能行。"江昱廷:"我就怕我一超过他,别人也会超过他,他以前总是跑第一……"

三、感动故事

1500米跑道上,我班有4名运动员:男有高忠昊、江昱廷,女有王昊、宫婕,在这个项目上,我班是有绝对优势的。可是今天,我的心一直为高忠昊揪着:这个孩子病了一个星期,他能坚持吗?头一天我就跟他妈妈通过电话,想找个同学替他跑,别累坏了孩子。忠昊说服了妈妈,他说,这是小学最后一次校运会,他一定要为班级拿分。枪响了,我的心也提了起来:孩子们,要紧都好好的,顺利跑下来就好。看着忠昊那沉重的脚步,我的心在流泪:从三年级开始,他就是这个项目的冠军,去年参加了市运会后,成绩更突出了,也更加自信了。以往的运动会,他都是遥遥领先,可今天,他跑得很艰难。此时我的心情极为复杂,既怕他为了拼第一累着,又怕他跑不了第一受不了。一圈,又一圈,我的心始终平静不下来。慢慢地,我发现,我不必为失去第一而担心,因为江昱廷优势明显,他一直跟在高忠昊后面,忠昊靠里道,昱廷偏外一点,一高一矮,一前一后。当别班运动员往上追时,他俩就快跑,后面的想要超越他俩得使劲往外绕,别班运动员有好几次超越未果,只好放弃。我心里暗喜:两个人还会采用战术呢!他们配合默契,时而匀速跑,时而领先跑、跟随跑。此时的江昱廷就像高忠昊的保护神。进入了最后的100米,两人开始加速,变速跑开始了!最后的结果是:高忠昊第一!江昱廷第二!王昊第一并破纪录!宫婕第三!在这一个项目上我们就豪取30分!太令人高兴了!

功臣们回来了,我拉着高忠昊的手,泪水奔涌而出:"孩子,老师知道,你太不容易了!赶紧给妈妈打个电话,告诉她你第一,你很好,让她放心……"看见江昱廷默默地走到座位上,我悄悄地问他:"昱廷,我们看得出,你是有实力也有能力超过忠昊拿到冠军的,为什么你没这么做?"他说:"我就怕我一超过他,别人也会超过他,他以前总是跑第一……"寡言少语、从不张扬的昱廷再没多说一个字。太令人感动了!我真的没想到,一个十多岁的孩子竟有如此的胸怀,在荣誉面前,他想的不是自己,而是同学,他用自己的智慧和善良成全了同学!他不是第一名,却赢得了最高的人气!

要跑接力了,我们全班都想找另一名运动员换下高忠昊,可他坚持要上,王昊、于子奕、吕民腾纷纷表示:"我们仨使劲跑,这样高忠昊就不用太累。"我也同意了,在我看来,接力第一和成全高忠昊,我宁愿选择后者。

从三年级(3)班到六年级(3)班,三年多的相处,我和学生之间、和家长之间结下了深厚的感情,孩子们之间的友情更是令我感动,我们班就是一个温暖的家。我爱我班!

2013 年 10 月 17 日

今天下午,全校教研活动,主题是"多元统整,自主合作——小组合作策略研究"。王贞芬老师讲《开天辟地》和《普罗米修斯盗火》的第一课时,然后她和周艳老师、李爱霞老师进行了经验交流。

互动评课时,我第一个接过了孙晶晶主任的话筒:

"老师们好!我觉得听王贞芬老师的课就是一种享受!王老师的课优点如下。

"第一,在'识字大闯关'这个环节,我数了数,王老师一共出示了三十四个生字,每个小组将读错的字在王老师的前测卡上标记出来,错一次的有十个字,错多次的有四个字。在生字的处理上,王老师没有面面俱到,而是突出重点、难点,关注了学生的学情,以学定教,学生会的就不教,学生错得多的就加大指导力度,效率高、效果好!

"第二,在'写字大闯关'这个环节,王老师采用了类似的方法。十八个字中,她重点讲了学生出错的五个,效果很好。学完生字后,王老师给学生一分钟的时间准备,当堂进行听写检测。同时,她关注了学生的习惯养成,不仅听写前强调了学生的姿势,听写的过程中还及时奖给姿势正确的学生小星星,口头表扬书写漂亮的学生。这样学生高兴,效果也特别好。

"第三,在'勇闯朗读关'这个环节,对于长句子的指导,王老师一加上停顿符号,学生立马就领会了,看得出王老师和学生之间的默契。

"第四,重视方法的指导。在概括文章的主要内容时,王老师指导学生运用找总结句和扩展题目的方法来概括,学生容易掌握。

"接下来我谈谈自己对小组合作的看法。小组合作这种方式我也喜欢,我也常用。这种学习方式把学生'被动地听'变为'主动地学',把'要我学'变为'我要学'。它使我们的课堂弥漫着一种轻松活泼、团结互助的气息,让学生有更多的机会发表自己的看法,有利于学习任务的顺利完成,也有利于和谐课堂的创建。我曾听我们学校唐爱君老师讲过她女儿考中国传媒大学艺术证的事,说来与大家共享。考试时,几个考生一组,围绕着考官给的考题,适时地参与讨论,如果一言堂,总是压着别人,对不起,淘汰;如果一言不发,也淘汰;着急插话,不合适,也淘汰;只有在合适的时机参与进去,并且发表合适的意见,才是成功者,当然文明礼仪更不在话下。我是教高年级语文的,小组讨论时经常要探讨有难度的问题,我就有意识地培养他们的这种合作意识。"

国静静副校长表扬、鼓励我,我很高兴。

下午,学生能自主管理,上好自习,纪律大有好转,我更高兴。苦口婆心的教育终见成效。

2013年11月13日

我又一次陷入了无语的世界里。嗓子再一次失声。

上午第二节结束了第十八课的学习,第十九课开了个头。很艰难,但很愉快!

下午的作文课,我打开大屏幕,我跟大家"说"了自己的心里话:"同学们,感谢你们两天来对我的关心和帮助,更感谢你们对我的理解和支持!请大家放心,你们的张老师没事,别为我担心。这样挺好的,不用说话,倒省了力气。话少了,笑容却多了,表情更丰富了,你们张老师更像个夸张的演员了,是不是?我就是挺着急的,现在想来以前和大家自如交流的时光是多么幸福!同学们,朋友们,请'赐予'我力量吧!"然后大家纷纷给我加油。

孙迅:"张老师,放心吧!我会'赐予'您力量,全班同学都会'赐予'您力量,请您快点好吧!同学们都期待着张老师妙趣横生的课,都期待着能与张老师说说笑笑!张老师快好吧!"

宋雨:"张老师,您不用担心,我们已经长大了,已经懂事了。这几年没有白相处,我们都有了心灵上的相通,会懂您的!张老师,我们会给您力量的!"

刘文琳:"张老师,虽然这几天您不能说话,但您还继续给我们上课,谢谢您!张老师,您今天上午课间操时写在纸上的字说实话我一句也没看懂,但是我知道您是要让我写在稿纸上,可见我们心有灵犀啊!张老师,跟着您学习,我真的很幸福!"

杨毅轩:"奋斗吧！Boss（这是我对您的爱称）！我们永远支持你！您的弟子杨毅轩。"

傅晓:"张老师,嗓子快快好起来,说话比唱歌好听几千万倍！我们期待着这一天的到来！张老师,作为一个好老师,您不可以让您的学生'失望'哦！"

于毅:"我知道我以前老是不遵守规律,您就批评我,在您声带不好的一个星期里,我心里很难过。您放心,等您的声带好了,您和平常一样批评我,希望您的嗓子早日康复。"

迟诚:"张老师,这两天班里发生了明显的变化,我和我妈说,我妈不信,她不信您不说话上课。"

黄晓辰:"张老师,您是最棒的,我们都佩服您,感谢您来给我们上课。不要担心我们,您不要太辛苦了,这样我们也会心疼的。"

张浩:"亲爱的张老师,谢谢您这么多年对我们的关心和疼爱。我记得有一年,我们班上有一个同学没来上学,您打了好多的电话。现在,张老师,您说不了话,我们也会好好表现,好好学习,天天向上！"

于金源:"张老师,我们一定会给您无穷的力量。感谢您辛辛苦苦地教导我们三年,这三年里您为我们流过泪,为我们着过急,为我们……您可以为我们什么都做。我在这里对您说：'谢谢您的教学,感谢您的照顾,谢谢您,张老师！'"

…………

看着一张张爱心小纸条,读着一句句感人的话语,泪水模糊了我的眼睛,一滴滴地滑落,肆无忌惮地掉在身上,落在地上。谁说这些孩子不懂我的心！原来,我对他们的好,他们都记着啊！

2013 年 11 月 14 日

今天如期学习《钱学森》一课,下课铃声响的时候,我的课正好结束,整堂课我一句话也没有说,但丝毫没影响我们师生学习的热情,效果比我想象的还要好。昨晚,我精心制作了三十张幻灯片,把该强调的重点一一梳理,今天派上了大用场！整个课堂,安静有序,听不见我的一点声音,只有学生的琅琅读书声、回答问题的声音,从课文内容到表达方法,从学生默读思考到小组合作探究,如行云流水,一气呵成,感觉舒服极了！充分的备课是成功的前提啊！下课了，我掩饰不住自己的满意，朝学生深深地鞠了一躬！我的每一个动作，都有学生明白；我的每一个手势，都有学生理解；我的每一个眼神，都有学生意会。自己的肢体语言能被学生准确地理解，这种感觉太美妙了！

2013 年 11 月 16 日

今天开家长会，傅晓、子奕、王昊、誉昊、孙迅都来帮我忙了，我很感动，很开心！更令我感动的是家长，王昊妈妈的信，吴双妈妈的拥抱，湘钧妈妈的短信，所有家长无言的注视，都让我内心充满了温暖。

王昊的妈妈递给我一张纸，上面写着："尊敬的张老师，今天的家长会我太感动了，这是我的心里话。您的付出和奉献我们都看在眼里，更记在心底……最后想说：'今天的感慨最多，感动最多，感激最多……希望您保重身体！健康平安！永远永远！'备注：别担心，我还有一个小偏方能对您的嗓子有一点帮助，星期一带给您！"

家长会之后，孙湘钧妈妈发来短信："张老师，这次家长会是孩子上学这几年来令我最感动的一次，感动于您和孩子们之间真挚的情感，感动于您在身体不好的情况下，仍然坚强乐观地用心教育孩子们。您的眼泪让我们家长心疼。祝身体早日康复！"

谢谢，我的学生们！谢谢，我的家长们！谢谢，我亲爱的朋友们！

2013 年 12 月 10 日

今天一早批练笔，黄家睿的《自己身边的小镜头》一下子映入了我的眼帘，节选其精华以飨读者："说起爱，我们并不陌生。师生之间，亲人之间，邻里之间，甚至素不相识的人之间，都有爱的踪影。爱在早上一杯香气四溢的牛奶中，爱在灿烂温暖的阳光中，爱在和煦的春风里，爱在亲人之间亲切的问候声中和笑脸里。爱就在我们身边。天气凉了，妈妈拿来一件衣服为你穿上，全身立刻暖洋洋的，是衣服为你御寒了吗？不，更多的是妈妈的爱温暖了你的心窝。写作业时，错字刚写出，同位就递来一块橡皮，送来一个微笑。心里一定特别高兴，写起字来也流畅，下笔如有神。是干净的作业本和整齐的字让我们高兴吗？不，是同学的爱、大家的友情给了我们力量，让我们心情舒畅,学劲十足。"

　　我在学生习作方面的赏识和鼓励,效果慢慢显现。我一直要求文章要有亮点,而我的学生也从不会让我失望。光是题目,就让我欣喜。拔河比赛结束后,孩子们写练笔《麻绳也疯狂》;语文课上,苍蝇趴在电子白板上不小心点了课件,孩子们写练笔《苍蝇也玩高科技》。

2013年12月22日

　　《多一点诗意》终于诞生了!书一到学生的手里,就开始发挥它的作用了:早上背诗声阵阵;课前,背诗声琅琅;中午,背诗声不断……学生们背诗的热情空前高涨。学生们每天一进教室,就背诗给老师听、给同学听。"今天你背诗了吗"已经成为我们六年级最时尚的问候语。为了更好地激发学生诵背经典的积极性,我们还采取了一些激励措施。古诗词必背三十首、推荐二十首,再加上文言文、《论语》《朱子家训》等,我们把所有的任务划分成七十二个小单元格,每完成一个奖励一分,前七十一个奖励七十一分,完成第七十二个奖励分直达一百分!不到一个月的时间,在我们六年级语文组的背诗比赛中就涌现出许多背诗高手,每班抽查七个同学,多的背过四十多首,少的也背过二十多首。与背诗同时开展的还有文言文的指导、《论语》的背诵,形成一种全面开花的新局面。

　　古诗文诵背与班级管理挂钩,值日时,路队中,我们也不忘背诗。这样既避免了秩序的混乱,又复习了古诗文,一举两得。

2014年1月4日

　　我随手捞起一本《人民教育》,看到《向大自然寻找力量的"天纵之教"》中有这样一段话:"人的感悟理应宽广、舒展、深刻、潜在,它是生命叩问真善美时无声无息的生长,我们当然不应该以短期有效与否去损毁它。我们需要的是静待花开,而不是急功近利的分数课堂。"《从认识每一个学生开始》中有这样一段话:"认识学生,是一项极其细致、复杂的工作。要认识学生,就应该走近学生,研究学生,热爱并理解学生。成功教育的基点,是从认识每一个学生开始的。"珍惜教育生活的每一天,慎重地对待学生的成长!要做好教育,就从认识每一个学生开始吧,从现在做起,从我做起,并且循环

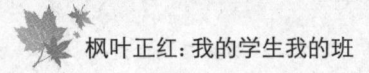

往复、快乐地持守下去！果能如此，学生之幸，教育之幸！

想到了自己所带的这帮学生，三年来，我用心去认识他们每一个人，珍惜和他们在一起的每一天，能够在小学最后一年继续和他们相守，我感到很幸福！

2014年2月15日

今天下午，我自己一人去了图书馆。第一次真正走进了图书馆（以前都是陪孩子去的），感觉很震撼，似乎有一种力量在胸中升腾，感觉自己高大了起来。我借了两本书，一本是萧红的《呼兰河传》，一本是刘称莲的《陪孩子走过高中三年》。我有一个读书计划想要实施，就是每周看一本书，简单记下自己的感受，本学期争取看完二十本书。

2014年2月16日

今天上午返校。检查评比展览作业。具体情况已当堂反馈。为了给那些没很好地完成作业的学生一个改过的机会，记录明天再汇总。

可喜的是《多一点诗意》的背诵。据统计，全班共背诗词两千四百零三首，人均三十八首。其中有十人把古诗词五十首全部背过：孙迅、管欣乐、于金源、于子奕、杨毅轩、王昊、刘文琳、管誉昊、傅晓、迟诚。

一个下午，我看完了《陪孩子走过高中三年》，感触颇深。以后和上初中的孩子说话，真得向书中的妈妈学习，关注孩子的感受，做一个善于沟通的妈妈。家长会上，我还要给家长们介绍一下，免得家长走弯路。教家长与孩子沟通时，先表达自己的感受，再开放式提问。看到孩子有问题的时候，先表达自己的感受，然后问他怎么看。比如看到女儿回家后情绪很低，就试探着问："宝贝，妈妈觉得你今天情绪不高，遇到什么事情了吗？"表达自己的感受，表明妈妈细心地关注到了孩子的低落情绪，并且非常关心她，这对孩子的心理首先就是一个安慰。而且妈妈问的是"遇到什么事情了吗"而不是"你怎么了"，这是对事不对人的一种表示，孩子会感觉舒服一些，所以才愿意敞开心扉。

2014年2月17日

今天检查寒假作业,亮点多多。寒假计划优秀:于子奕、傅晓、管誉昊、江昱廷、宋慧、王昊、孙吉君。手抄报一等奖:姚一卓、宋慧、管誉昊、黄栩慧、黄晓辰、傅晓、李杨、宋雨、杨毅轩、孙方宇、孙迅、张亚萍、张佳蓓、宋晨晨、王彤、赵煜、江昱廷、于子奕、王昊。练字本最佳:姜顺集。寒假生活指导最佳:傅晓。

傅晓的《课外阅读》带给我太多的惊喜!在老师只布置了一篇的情况下,她竟然读完了两个单元,而且读得非常用心,批注写得相当精彩!加十一分!傅晓,你太让张老师感动了!于子奕也紧随其后,高质量地完成了第一单元,得到了七分。两位学习标兵的角逐,给自己带来了动力,给老师带来了惊喜,更给班级带来了活力!谢谢两位!

本周五诵读经典节目要展演,我打算让学生展示我们背诵宋词的成果,初步的打算是分婉约派和豪放派两大阵营对垒。征求了三姐的意见后,改为南宋和北宋两派比赛。虽说耽误了睡觉,但心里很高兴。明天就行动!

2014年2月20日

今天,杨毅轩发给我一首藏头小诗:"扬我中华志,毅然做精英。轩宏图高远,任我中华行。"

毅轩妈妈发给我一封信:"张老师,感谢您对孩子的关心和鼓励!孩子今天回到家心情很好,一回到家就跟我说张老师表扬了他,说他作文写得好,是原创作文,还夸他会写诗。还说他今天听讲很认真,老师讲的都学会了。说的时候很兴奋、很激动,总之,给我的感觉就是孩子身上有一股积极向上的劲儿。我知道这是张老师您的苦心,您的一句表扬和鼓励抵得过我十句唠叨,谢谢!由衷地感谢!孩子现在正处在性情转化期,我也是很紧张,生怕孩子会有不良的习惯和养成一些坏的毛病。我愿和张老师一起帮助孩子快乐地学习,健康地成长!非常荣幸孩子能遇到您这么好、这么细心的老师,您是孩子一生的财富!谢谢!"

我的高兴绝不亚于杨毅轩妈妈,能得到孩子的认可,得到家长的认可,足矣!别无他求。

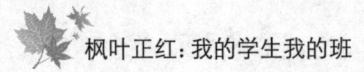

晚上去王昊妈妈店里看服装,最终决定穿白衬衣、黑裤子,男生黑领带,女生黑领结,王昊和傅晓穿舞裙。

2014 年 2 月 21 日

大课间,操场上,我带着学生踢花毽。参加周五经典诵背节目的学生主动留在教室里,又自觉排练了一遍。

中午放学时,碰见傅晓:"傅晓,你会唱《明月几时有》,会不会跳舞呢?"傅晓说:"会一点,不过和王昊的动作不一样。"我心中一喜:"那没关系,即兴发挥就好,中午来了试试,行就上,不行就保留原样。我让王昊帮你准备套演出服。"

中午一到校,王昊就把妈妈精心挑选的服装拿来了,两人穿上还挺搭!湘钧给唱着,临时对了对动作,就上台了。效果极好!

孩子们表现得太棒了!我给打十分!我给自己也打十分,为自己的想法、创意和灵感。

2014 年 3 月 16 日

准备了好几天《夜晚的实验》一课的教案,今天开写!从下午 3 点开始,一直到晚上 10 点半,除去吃晚饭的时间,我一直在整理教案。在最后一秒钟,我点了一个"是否替换"的"是",所有的心血,瞬间没啦!我的心像被掏空了似的,欲哭无泪!拍起家里的"电脑高手"也无济于事!我坐立不安!身体状况是不允许我熬夜重做的!怎么办?怎么办?先睡觉吧,明天再说!只能这样了!唉,躺下后,心明眼亮,教案一遍遍在脑子里重演!越来越清醒!干脆起来,重新干!再熄灯时,已过午夜。这是这学期第二次睡这么晚了,第一次是 3 月 3 日老人夜间住院。

2014 年 3 月 17 日

祝贺傅晓的日记满六个月了。看着这个"小婴儿"一天天长大,我的心里洋溢着欣喜!真的为我班的唯一——傅晓骄傲!以往总是评价,今天忍不住开始与傅晓互动起来。小家伙不知道,也不敢让她知道,她在日记里提的要求我都会答应。不为别的,就因为她187天的坚持!真的太不容易了!

看好了吴双、于金源、胡绪晨、张佳蓓四位既优秀又有责任心的学生担任古诗检查官,我笑称他们每检查同学背过一首诗就收获了一粒粮,看看一个星期能收获多少粮,周五论功行赏。

2014年3月20日

期盼了一周的综合实践课终于来到了!今天,房建兵老师上课的内容是包馄饨、吃馄饨。孩子们作了充分的准备,皮、馅、吃馄饨的碗、匙,一样不少。房老师、子奕的妈妈黄莉老师、唐爱君老师、迟宁老师都在现场帮忙,烧水的、指导包馄饨的、下馄饨的、分馄饨的,我呢,则忙着给孩子们拍照,为他们留下难忘又美好的瞬间。听说,房老师为了不耽误孩子们吃,中午一来就把水烧上了。谢谢房老师!谢谢帮忙的老师!美中不足的是在吃馄饨方面,除了黄栩慧主动送给老师尝尝,其他学生都只顾自己吃,有的吃完了端着碗又去领,全然不顾还有同学没吃上。当老师说可以带回去给爸爸妈妈尝尝时,有的学生表现得很不好,竟然去抢别人的。唉!毕竟是些孩子!

2014年3月22日

今天,我给孩他爸讲了班里盛坤的故事,他说:"你干脆写下来吧!"我说:"这也值得写?""当然,真实的东西最能打动人。""那,我在班里评最美宝贝的事也可以写喽!""是的是的,快去写吧!"于是就有了下面的两个故事。

故事一:"扣吧……"

坤,班里"按原文填空"一题扣分多的学生之一。本学期一开始我就在这方面下足了功夫:提前背过,奖励五分;在课堂上,加强指导,给他们更多的时间练习;给家长打电话联系,取得家长的支持,让家长帮我督促。第一天,第一课学完了,下午第三节课检查背诵,没背过的有八人,差不多都是老面孔,又有坤!"明天早上,必须背过!否则,给你们组扣分!"其他学生都没出声,就坤嘟囔了一句:"扣吧……"不幸的是,让耳灵的我听到了。我狠狠地瞪了他一眼:"你怎么能这样!背不过课文影响自己就罢了,连带全组扣分还这种态度!"他站了起来刚想说话。"你不用解释了,背不过课文没有理由,别耽误我上课!"我说完继续上自己的课。离放学还有五分钟,该布置家庭作业了。组长李杨告诉我:"张老师,坤背过课文了。"一听背过了,我立刻没那么不高兴了。快放学了,又是第一天上学,给他个台阶下吧:"我猜一下,'扣吧'后面的潜台词是'反正不用等明天早上,我今天就背过了,所以我不怕你扣',是吧?而不是'扣吧,我不怕,反正又不是光扣我的',是吧?"坤如释重负地使劲点了点头。这时李杨跟我说,坤刚给她检查完,背过了。我赞许地朝坤竖了一个大拇指,坤开心地笑了。事后我把日记给坤看,他不好意思地笑了:"张老师,对不起。我今后再也不顶嘴了。"我也笑了,心里想:"干吗把学生想成那样?即使真的是那样,我也愿意给他个台阶下,于他有益,于我无害,何乐而不为呢?"

我们做老师的,一定要抱着同理心对待学生,这样学生才会愿意与老师沟通。高尔基说:"谁爱孩子,孩子就爱他,只有爱孩子的人,他才可以教育孩子。"

故事二:寻找"最美宝贝"

学《三打白骨精》这一课时,整节课于萱表现最棒:听讲特别认真、发言特别积极还特别精彩,我特别喜欢!我跟学生说:"上次家长会上,孙梓华妈妈也是坐在于萱的这个位置上,我在上面讲,她一直微笑着看着我,不时会心地点点头表示赞同我,有时被前面家长挡住了脸,还往一边偏偏头继续看着我,生怕漏掉了我的一个眼神。你们不知道我的心里有多温暖!如果要评最美家长的话,梓华的妈妈就是最美妈妈!"立竿见影,对我笑的孩子马上多了。"光笑是远远不够的,还得像于萱这样学得好啊!我宣布:本节课最美宝贝诞生了!她就是——于萱!奖励五分!鼓掌!"

在以后的课堂上,不爱做作业的睿同学在作业订正课上获得了"最美宝贝"称号!因为他不仅做了,用心做了,而且做得正确率很高!

学习《夜晚的实验》一课时,成绩不太突出的强同学成了"最美宝贝"!他思维灵活、发言精彩,仿佛一下子开了窍,令很多同学自叹不如!

2014 年 4 月 11 日

下午开级部会时,我和同事刘秀艳老师是从西楼梯走的。我发现有两块口香糖痕迹,想用脚把它们踢到一边却没成功。我在班主任手册上写下备忘,周一提醒学生用工具清除掉。开完会往回走,又看到了这两处,感觉很扎眼,心想要紧别忘了跟学生说,别看写在了备忘录上,但说忘就忘了。我一路纠结着,到了办公室,干脆取了教室钥匙,拿出工具,彻底清除掉。这下心里舒服了,轻快了。

今天想写写班长于毅。领读、收卷,于毅干得有条有理,收卷的任务完成得特别出色:收上多少份,缺了几份,都是谁没交,谁没签名,一一作记录,并且还安排李杨、刘文琳帮助他检查了一遍,最后整理得整整齐齐才交给我,真的令我刮目相看。下午的阅读社团,他安排图书管理员发书、登记,带领同学们安静读书,还和郑元中帮我整理了古诗的电子稿。一整天,我非常满意!的确是这样:只要你肯信任学生,每个学生都会成为你的得力助手!

班长一日制实行到现在,我发现了一个奇妙的现象:每个班长都很可爱,都很积极,都很乐于帮助老师,都能在老师的指导下很好地完成任务。

2014年4月18日

今天的主要成绩是整理了学生创作的古体诗,选几首以飨读者。

孙迅的《春》:"桃红细雨柳依依,百鸟枝头恰恰啼。万紫千红醉心脾,春光美景胜昨昔。"于子奕的《春日读书》:"阳光明媚和风起,绿草茵茵柳树青。满院春光翠欲滴,正当我辈读书时。"邹玉健的《小区新象》:"春风拂面空气新,小溪流水哗哗响。满眼碧绿心神爽,小树枝头挂红装。"

还有我自己的《春到大珠山》:"阳春四月到胶南,漫山遍野赏杜鹃。水碧峰奇花斗艳,珠山秀谷笑开颜。"《桂林行》:"奇峰异岭世无双,碧水清江百里长。走瀑漂流人已醉,山歌嘹亮曲悠扬。"

2014年5月22日

今天开毕业生会,我提供给江芙蓉主任的典型人物是傅晓。

傅晓事迹:"六年级(3)班的傅晓同学在主动学习方面做得特别好,她总是以最认真的态度对待作业、对待学习、对待老师交给她的每一项任务。翻开她的作业,每一页都是那么工整;每一次的预习作业,她都做到全面细致、尽善尽美;每一次的成绩都是名列前茅。这样说吧,老师要求做到一,傅晓能做到二、三。尤其难得的是她天天坚持写日记,并且质量很高,从2013年9

月9日一直到昨天,一天没落,累计得有五六万字!她有一个美好的理想,就是将来做一位儿童文学作家。大家还记得'滴水穿石'带给我们的启示吧:目标专一而不三心二意,持之以恒而不半途而废,就一定能够实现我们美好的理想!真诚祝愿傅晓同学早日实现自己的理想!"

2014年6月1日

在二姐家聚会时,我跟三姐交流最多,感觉很舒服,收获也很大。也许是同行的缘故,我俩共同话题比较多,很容易谈得来。三姐读书多,知识丰富,非常值得我学习!

在二姐家看了一本书《鞋里的沙》,全书共有七辑,我最喜欢第二辑《脸上的阳光》,略摘一二,用以自勉。

《幸福参照系》:"幸福快乐其实跟别人、跟一切物质条件都没有必然联系,它是每个人心里只属于自己的歌。"

《别人不让我开心》:"一个正常的人完全可以控制自己的思想和行为,所以你有能力对自己的头脑所接收的信息进行思考。当某一信息闪入你的头脑时,你完全有能力对其进行思维的取舍。千万不要在脑袋里形成这样的观念:在遇到什么事情的时候,自己应该有什么样的一种心情,更不要听信别人对你说的这些话:'你应该笑','你应该哭'。作为一个独立成熟的人,你必定会有自己独特的感受和判断。"

我们还谈到了《明朝那些事儿》,爱好历史的三姐讲了好多我不知道的知识。当她说到明清两朝皇帝治国的不同时,我眼前一亮,顿时茅塞顿开。明朝皇帝权力下放,善于"培养干部",明朝亲王都远离京城,皇帝多日不上朝,朝廷照转不误;清朝皇帝个人能力强,一个比一个能干,亲王都圈在京城,以防作乱,皇帝跟不上,满盘散。我说,我做班主任就像清朝皇帝,在眼前时班级秩序良好,一旦外出学生就判若两人。咱不能天天在眼前,所以还是做明朝皇帝式的班主任更好一些。前者是学生优秀,后者是老师优秀,我们的目的是让学生优秀,所以要做前者式班主任。这样,既实现了学生自主管理的目标,又解放了我们自己。

2014 年 6 月 3 日

早读时间学生汇报《多一点诗意》的背诵成果。截至今日,全册书有十六人背过,得到了一百分的奖励分;《论语》有四十人背过……

今天大课间跳短绳比赛。管欣乐二百一十次,王昊一百八十次,张亚萍一百七十八次,张震一百六十五次,周振一百三十六次,张忠鑫一百三十二次。我很满意。

今天批作文草稿《给老师的一封信》,心里感慨万千。四年了,有多少事我早已淡忘,学生们还记得那样清楚。但愿他们记得的是一些美好的东西。作为老师,真要多给学生们留下一些美好的回忆,这点我们可以做到,这点我们一定要做到!尽心无悔,努力无憾!

2014 年 6 月 10 日

今晚开始写《素质评价手册》,十点钟,清点战果,很辉煌,竟然写了二十八本。我面对着手册上的一个个熟悉的名字,回想着宝贝影集中那张张开心的笑脸,笔端的话流淌个不停。我一时间感慨万千:时间都去哪儿了?四年了,一晃而过。如今他们要毕业了,心中竟有如此多的留恋,感觉不能再教毕业班了,太容易动情了。从教二十一年,送了三届毕业生。如此,再送两届,就退休了。

2014 年 6 月 13 日

我晚上回到家,先舒舒服服地躺在沙发上享受了一下,正好看到了《购时尚》这个节目。我很喜欢在节目里出现的心理专家青音,很愿意听她说话。"我可以不完美,但我可以不断地完善自己。"我查了查她的资料,了解了更多。

"接纳"是一个常被心理医生挂在嘴边的术语,它其实是一种生命态度,指的是我们更加圆融开放、通达包容的内心。而跟与别人融洽相处比起来,不和自己较劲反而是更难做到的事情。

接纳自己的有限和不完美。个性上,承认自己会无力、会脆弱、会怒不可遏、会歇斯底里;外形上,不够苗条、不够白皙、不够端正、不够高、不够

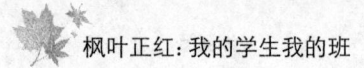

美……只有先对自己不够好的一面有足够的认同,自己才能真的足够好起来。

把爱传递出去。爱的渴望,与生俱来,而爱的能力,却并非如此,这也是需要学习、培养和实践的生命功课。在爱自己的人出现之前,先学会去爱别人,比如,给亲人、同事、朋友爱。当自己的心里满溢着对爱的感受而不仅仅是爱的渴望的时候,自己愉悦轻松的状态会感染和吸引更多的人。

受青音的影响,我突然间那么想学习心理学知识,感觉用几句话就能拨开人心头的迷雾,就能给人带来愉悦,的确是一件很神奇的事。

人生没有完美;十全十美的东西太少;宁静致远,乐享幸福。

2014年6月30日

今天,我写了一首诗歌,送给我即将毕业的学生。《写在毕业前夕》:"今天,毕业典礼,/我们,即将分离。/离开曾经的熟悉,/走进陌生的际遇。//四年的感情,/我无法忘记。/一千四百多个日子,/我们结下了深厚的友谊。/忘不了,课堂上我们高度的默契,/忘不了,放学时你们真诚的挥手礼,/忘不了,我们一起编织多姿多彩的生命故事,/忘不了,我们一道把故事变成如诗如画的成长传奇。//生活中充满着美,/等待你美丽的双眼去寻觅。/热爱生命的春天,/学那梅花,做'东风第一枝'。/探求知识海洋的无穷奥秘,/珍惜每分每秒,把大厦的基石打得无比坚实。//今日分手,让我们彼此珍惜,/愿幸福快乐永远伴随你!"

2014年7月5日

上午开家长会。八点钟,家长们收到了我昨天晚上写好的短信:"尊敬的家长您好:非常感谢四年来您对我的理解、包容、帮助和支持!四年的感情,我无法忘记;一千四百多个日子,我们结下了深厚的友谊。我的日记和影集里留下了孩子们的点点滴滴,这已成为我最美好的回忆:忘不了,我们曾和孩子们一起编织多姿多彩的生命故事,又一起把故事变成如诗如画的成长传奇。以后的日子里,祝愿家长和孩子们好运不离!"

当场,有好多家长给我回了短信,我非常感动!

宋雨家长:"感谢您这些年来对孩子的呵护和教育,您默默地付出,我和孩子再一次谢谢您。透过字里行间,我看出了您对孩子那种不舍的感情。愿我们和孩子都拥有一个更好的明天！谢谢！"

于萱家长："谢谢张老师辛勤的付出！我们和孩子都会珍惜我们一起走过的日子。愿张老师好人一生好运相伴！"

管欣乐家长："谢谢张老师多年来对孩子孜孜不倦的教育，提起您，孩子总说很喜欢您。我很感谢您！"

……

2014年11月3日

应即墨市网上家长学校要求写一篇文章，题目就叫《家校平台伴我成长》吧！

三年前，我是四年级(3)班班主任。三年来，即墨市网上家长学校家校互动平台一直伴随着学生们的成长，直至他们六年级毕业。今年，我接手了四年级(10)班，又一个轮回开始了。一直不变的，是我的平台账号，是我对平台的信赖，是平台对我的帮助。

在即墨市网上家长学校家校互动平台上，我有着双重身份，既是班主任，又是家长，所以，我享受着双重的乐趣。作为班主任，我充分利用这个平台，发送作业、发布通知、公布成绩、传递祝福，方便、快捷；作为学生家长，我经常收到学校的通知、老师的提醒，免去了不必要的担心和麻烦，放心、幸福。作为一名普通的教师，我从这个平台上更是收获了无数的快乐：浏览"教科研信息"，了解最新教育理念；开启"教师之窗"，开阔自己的视野；走进"名师名教"，分享同仁的智慧；阅读"家庭教育小案例"，帮自己为家长支着；学会"学法指导"，助我的学生一臂之力；打开"班级生活"，领略更多优秀班主任、优秀教师和优秀班级的风采……

接手新的班级后，家校互动平台更是帮了我的大忙。由于班里学生多，每个学生家长的工作情况也不一样，要找个时间请家长到学校面谈或家访都不是件容易的事情，平台就成了我的主阵地。我最常发的信息是"喜报"（即报喜短信），让家长及时了解孩子在校的优秀表现，对优秀生是激励，对暂时落后生是促进，对家长也是一种巧妙的提醒，提醒他们跟孩子一起分享成长的快乐与成功的喜悦。家校互动平台拉近了我与家长、学校与家庭及社会的距离，增进了我与家长、学校与家庭的互相了解。开学后，我们在学生中开展了古诗诵背活动，因为学生年龄小，自制力不强，玩起来就收不住，需要不断地刺激他们的积极性，在玩的同时积累古诗，让自己的学习生活更充实、更有意义。每个周末，我都给学生们发个信息，告诉他们要背的古诗题目，他们背过后反馈给我，我再编成古诗诵背排行榜发给全体家长，既给优秀者以表扬，又给落后者以激励，比学赶帮，掀起背诗的热潮。开学两个月，学生们竟然背了一千五百多首古诗，真令人振奋！有了这个平台，我们足不出户就可以完成我们的大计划，省时、高效。今后，我将继续利用好即墨市网上家长学校这一平台，进一步加强与家长的联系，把班级工作做得更细致、更到位。

让我自豪的是，我是即墨市网上家长学校"金老师"团队中的一员。轮到我值周的时候，我有机会接听电话，从而帮助到更多的家长和孩子。

2014 年 11 月 4 日

今天，我在微信上看了同事吴淑芹老师分享的一篇文章《停止抱怨的力量是多么强大》，感触特别深。其实，在日常生活中，自己又何尝不是抱怨很多。抱怨学生这不好，那不顺，不是弄脏墙壁，就是追逐打闹，其实都是一样的学生，为什么不能接受呢？自己前段时间不还感叹不必追求让学生太完美吗？心急了，就又糊涂了？加上跳集体舞，自己也格外烦躁，但是又有什么用呢？从明天开始，停止抱怨吧！积极地去做好当下应该做的事情。谨记：与其埋怨世界，不如改变自己。下定决心，丢掉抱怨的"恶习"吧！

2014 年 11 月 9 日

今天翻看《六三日记》，看到了自己 2013 年 12 月 14 日星期六的一篇日记："昨天的综合素养考核，我们六年级抽到的是阅读，我不止一次地感叹：'如果平时学生每读完一本书，就让他们记下书名、作者、页数，每天拿出课前两分钟安排一个孩子上台展示；如果每两周拿出一节课让他们尽情交流……这样一来，每学期每个孩子能有三次上台展示的机会，共有八次全员参与的读书交流会，相当可观！到那时，一切都将更得心应手！'如果下一年还教中高年级语文，我就这样做。"

一年就这样过去了。去年的"雄心壮志"至今未实现，是没有时间吗？是没有条件吗？都不是。原因就在自己，有了想法却没坚持做下来，想想真是太可惜了！自己的惰性真可怕！刚刚学完《滴水穿石的启示》："目标专一而不三心二意,持之以恒而不半途而废,就一定能实现我们美好的理想。"关键是行动起来!

我明天开始就这样做,以一个月为周期:要求学生每读完一本书,就记下书名、作者、页数;每天课前两分钟安排一个学生上台介绍,下午第三节安排两个学生上台交流,这样每周就有十五个学生分享自己的读书收获,一个月全班都会轮一遍;每周三最后一节安排一个集体交流,每月一共安排四次全员参与的读书交流会。

2014 年 11 月 10 日

吴雨桐、方冠华、王艺轩三位同学今天做了好书推介的发言,稿子准备得很用心,效果很好。我为自己的创意自豪!明天是张明洋、黄禄婉、刘欣贺,期待!

古诗达级(每背过十首为一级,最高为五级)第一次统计:一级:五十五人;二级:二十九人;三级:六人,即刘欣贺、刘宗鑫、张明洋、于紫耀、王松、华一帆;四级:一人,即刘欣贺;五级:一人,即刘欣贺。

2014 年 11 月 28 日

昨天孙晶晶主任进行了语文学科常规检查的详细反馈,她提到重点段落课内阅读可以让学生们自己尝试出题,我对此很感兴趣。正好今天我班学习《奇妙的国际互联网》,可以一试。这篇课文内容比较简单,处理完课文之后,我出示第三自然段,让学生仔细默读,想想如果让他们出题考考大家,他们会出什么题。我满以为顶多能出三四个小题,结果大大出乎我意料,竟然出了十多个题!张吉焜:"用波浪线画出人们可以用互联网做什么事情。"刘帅:"用'可以……可以……还可以……甚至可以'造句。"郭峪臣:"人们还可以用互联网做什么事情?"王景怡:"请概括本段的段意。"迟新颖:"本段中引号的作用是什么?"方冠华:"省略号表示什么意思?"于茜:"你喜欢互联网吗?为什么?"另外大家还提到了选择正确读音、字形、构段方式、中心句,方方面面,无一不及,真让人欣喜!看来,我们的学生有足够的能力,我们要充分信任他们,充分调动起他们的积极主动性,让学习真正变成他们自己的事情,发挥他们学习的内驱力,真正实现学习效率最大化。

2014年12月26日

古诗达级小结：一级五十八人，二级五十二人，三级四十三人，四级八人，五级六人。

距离上次古诗达级统计一个多月的时间里，学生的成绩是有目共睹的。不积跬步，无以至千里，不积小流，无以成江海；积少成多，集腋成裘；学生的语文素养就这样慢慢地累积。期待着早日实现质的飞跃。

2014年12月31日

期末将近，提前准备一下总结，先来看我们的《多一点诗意》。在课堂教学中，我坚持的理念是放眼学生的长远发展。作为语文教师，我注重的是学生语文素养的提高。本学期我和学生做的最有成就感的一件事就是《多一点诗意》的诵背。整整一个学期，《多一点诗意》天天在学生桌上，日日在学生嘴边，时时在学生心中。9月，我们检查完了八篇文言文；10月，我们背过了《论语》；11月，我们结束了《增广贤文》和《朱子家训》的检查；12月1日，我们全面开展古诗诵背比赛。到今天，已有十三人背过整本书，高高兴兴地领到了"古诗诵背小达人"的喜报。整个学期，除了古文名篇的诵背，光古诗就背了两千多首，人均四十首。学生诵背积累的这些古文诗词，也许与现在的语文成绩关系不大，但我乐此不疲，我坚信对学生以后的语文学习将大有裨益。

前面的古文部分，我先领读，学生反复读，直至成诵，然后同桌互查，我记录。后面的古诗部分，每一首都是我亲自查，并且做好记录。亲自查，为的是及时纠正错字，也让学生感觉到老师对此事的重视。在十三人领到喜报之后，其他学生的积极性不那么高了。我就采取新的办法，周二诵背经典的时候，分排比赛。每排一个小板贴，每背过一首画一个对号，早读结束后，对号多者为优胜排，优胜排里的每个学生都可得到五分的奖励。"新政"推出后的第一个早晨，成绩斐然，四排分别背了十八、十六、十八、十七首，人均超一首。这成了我们以后每天的必修课。

临近期末的练字我也与古诗文挂钩，屏幕出示一首诗，让学生用心写在方格本上，整本完成后将放进自己的成长档案袋。学生写完后，自己将最满意的字圈上红圈,再跟同学交流,彼此欣赏最漂亮的字。距上课还剩三分钟时,我就让学生用最小的声音齐读这首诗,我给他们看着时间,一首七言诗,一分钟读了四遍。我让他们再读一分钟,加快速度,看看能不能读得遍数更多,结果第二分钟读了六遍。还能再快吗?敢不敢再挑战自己?大家兴致勃勃。第三分钟开始了!我让学生回头自己边看表边读,结果读了八遍!八遍!这得多快!孩子们觉得挺有趣,嘻嘻哈哈,热闹极了!候课铃响了,我说:"赶紧,同位检查一下,看能否背过?"结果,95%的学生背过了!能背不过吗?写了一遍,又读了十八遍!

2015年3月1日

今天学生返校。师生见面,一切都很愉快!

我最感动的是收到了一份珍贵的礼物。吴雨桐送我一个粉红的信封,邮政编码是她自设的:201531,中间写的是"我们最最亲爱的张老师(收)",贴邮票处画了一大一小两个人,两个人都笑眯了眼睛,笑弯了嘴巴,一副很开心的样子。一个扎着马尾辫,应该是雨桐自己,另一个短发的稍高点,我猜是我。打开是一张贺卡,一颗漂亮的闪闪发光的心出现在眼前,竟然是立体的!心上还别着一个粉红的蝴蝶结。打开贺卡,淡蓝色的卡纸上有一颗大心,里面点缀着很多大大小小的心,我数了数,一共有一百三十九颗。中间是一行行漂亮工整的字:"亲爱的张老师:祝您新年快乐!在新的一年里祝您一生平安、六六大顺、吉祥如意、万事如意、心想事成、十全十美。您的学生吴雨桐 2015年3月1日"

雨桐,这个可爱的小姑娘,总会带给我温暖和感动。谢谢雨桐!祝福雨桐!

2015年12月24日

今天,收到了朱家旭、于茜、吴雨桐、王艺晓、张吉焜、徐晨妮、李嘉楠、刘宗鑫、张博然、周晗语、王菲、华一帆的平安果,收到了朱家旭、刘宗鑫、于铭辰的贺卡,感谢孩子们的礼物和祝福!

于铭辰在贺卡里夹了一幅画,画上有一座空中教学楼,楼旁有五棵树,天上有五个小天使,旁边写有"老师您辛苦了!"下方有一列火车,车厢上写着"开向春天的火车"。火车前方有一个小花园,写着"张老师的花园",旁边一颗心写着"爱心","爱心"上站着一颗心,上面写着"老师好!"好喜欢这幅画!每一个细节都体现着铭辰的用心!

于昊好还送给了我一份特殊的礼物:她轻轻地拉起我的右手,用温润的小红唇,轻轻地吻了一下我的手背。我当时感觉太意外了,惊喜不已,高兴地捧起她的小脸蛋,语无伦次地说:"这真是一份特殊的礼物。"她高兴地跑回了座位。好一阵子,我才回过神来,赶紧追上去,优雅地说:"我可以回个礼吗?"她使劲点了点头。我学着她的样子,拉起她的右手,在她的小手背上,深深地印了一个吻。

全班同学还送了我一份最好的礼物:整个大课间(因为雾霾天气不上操),孩子们都在安安静静地阅读。真是醉了!

王景怡借给我一本书《赞美改变你》(最励志校园小说),作者金夏妮,韩国作家,作品《踏着彩虹阶梯到来的少年》获得韩国黄金笔少年儿童文学奖。代表作有《朋友的图书馆》《我美丽的沼泽地》《张可的香蕉》《我请您当怪兽的证婚人》《解救受气包老师的作战》《谚语达人与成语达人的对决》等。

书中有颇受欢迎的吴梦瑶的七个彩虹秘方:第一,从称赞自己开始;第二,关心对方;第三,从小事开始称赞;第四,凡事多往好处想;第五,由衷地感谢;第六,好好倾听对方的话;第七,我会心想事成。

2016年10月13日

一转眼,我在东北师范大学参加小学骨干班主任国家级培训将近一个周了。班长刘柳天天向我汇报班里的情况。今天她发给我一首词,说她想我了。其实,我也想我的学生了。我要好好学习,学到更多的东西,让我的学生受益。

附刘柳作品《如梦令·怀念如枫》:"玉露金风红叶,片语东飞哀婉。一日赛三秋,眷念月华如练。遥念,遥念,空忆捧枫忘返。"

在刘柳的指导下,我也写了一首《如梦令·东师行》:"枫叶沐霜红遍,春城'国培'充电。教授智超然,同伴才华惊现。完善,完善,期待圆吾心愿。"

2016 年 10 月 14 日

今天下午,东北师范大学石艳教授对我们"国培"班所有学员上交的案例进行了分析、点评。晚上,我根据石教授所讲对自己的案例进行了修改,感觉收获特别大。附案例《气死我了!》。

1. 背景

六年级(3)班,这个可爱的班级我已经带了三年,我跟每一个学生的关系都很好,跟每一位家长也相处得很好。在这个美丽的花园里,每朵花都有自己的香气,每朵花都有自己的美丽。每个学生都努力做最好的自己,散发出最美丽的香气!丫头(化名)就是其中的一朵。她,语文成绩特别好,作文尤其好。她视角独特,选材新颖,构思精巧,文笔细腻,我特别欣赏。举个例子,写拔河比赛,她起题目《麻绳也疯狂》;苍蝇不小心点了白板,她说《苍蝇也玩高科技》。据她妈妈说,孩子在家的表现可不怎么样,每天晚上磨蹭到十点以后才睡,等妈妈睡下了,就悄悄起来上网,有时到凌晨三点。她妈妈也不止一次地跟我联系过,让我提醒她早点睡。我一说,她就好几天,然后依然如故。

我有着写教育日记的习惯,每一个学生都曾经在我的日记里出现过。学生们都以走进我的日记为荣,因为走进张老师的日记就是走进了张老师的心中啊!在我的日记中,她的出镜率最高,因为她与众不同,更因为我对她特别的关爱。

2. 事件

五一小长假后的第一天,我早早地来到教室里。随着学生的陆续到来,我心里的踏实感越来越强烈。二十年了,不论大小假期结束后的第一天上学,作为班主任的我,最高兴的莫过于学生齐刷刷地坐在教室里,微笑着等自己来上课。7 点 40 分了,还有一个座位空着——是丫头的。我有些着急,赶紧给家长打电话。电话没人接,我劝自己,这个孩子很听话,不会有什么事。再打:"我是丫头的张老师,她怎么没来上学?"那边传来气呼呼的声音:"她不上了!""怎么回事?""气死我了!她不听话,我不让她上学了,在家玩行了!叫她好好反思吧!""别和孩子置气,丫头在学校表现可好啦!这样吧,我这节空堂,我去接她吧,也给你一个台阶下。""不用!她就个两面派!在学校装得比什么都好!我这下非得治治她,要不管不了了!""好,我听您的,不过您别生气,您气坏了,谁管闺女呢?"接下来的两节课我都是在提心吊胆中度过的。

3. 做法

大课间,我忍不住又给丫头妈妈打了电话,了解了事情的前前后后,也明白了妈妈的伤心。她自己辛辛苦苦地打拼,只是为了让闺女生活得更好,可不懂事的闺女却又要告她又要打她,能不生气嘛!"孩子这些话是挺伤人的,您让丫头接电话,我让她跟您道歉。""我在班上,没在家。""您怎么敢把她自己扔在家?就不怕孩子做出令我们担心的事?""没事,我经常把她自己扔在家,有时出差好几天,她也一个人在家。""别大意,您可一定要确保孩子安全啊!跟孩子说说,下午改点了,上学不用那么早了,到校时带着《给家长的一封信》,我们得上交大队部。""张老师,您自己打吧,我不跟她说话。"从12点到1点,电话一直打到第五遍,那边才接了起来。"丫头,你吃饭了?""张老师,没有……""你先弄点吃的吧,下午好上学……"这边,泪水已淌满了我的脸。晚上我就去了她家,我们三个人进行了一番长谈。会谈气氛非常融洽,孩子向妈妈承认了错误,给妈妈道了歉。我笑着对妈妈说:"其实女儿的聪明、优秀紧随着您,连个性都像,简直就是您的翻版,以后不许这么说我们丫头了。下次,你俩再起冲突,我绝对站在丫头这边!"丫头笑了。走出丫头家门时,已近十点,但我的步子轻松得很。

第二天,我把自己的日记给丫头看,她笑了,什么也没说;我也笑了,也什么也没说。一切尽在不言中。

4. 成效

一周之后,我接到了丫头妈妈的信息:"张老师,您好!您的思想工作真是没白做,这一周丫头学习积极了,回家之前作业全完成,再也不很晚睡觉了,一切作息习惯正常了,也爱学习英语了,每天给自己定下记住几个单词,对您选她去诗社锻炼也很高兴,非常愿意。这都归功于您的教育有方,真是非常感谢您!如果孩子有出息了,最该感谢的就是您!张老师,空闲的时候,欢迎您经常来家坐坐!"以后的日子,丫头越来越好,语文成绩在班级遥遥领先,这应该是"亲其师,信其道"的诠释吧!

5. 思考

真诚地热爱每一个学生,尊重每一位家长,努力和学生、和家长建立良好的人际关系,我们的班主任工作会做得更舒服、更舒心!在今后的教育教学实践中,我要继续秉承黄宝国老师的差点教育理念,尊重差异、研究差点、缩小差距、共享差别,帮助每个学生优于过去的自己,为每一个学生的幸福人生奠基,让每个学生成为最好的自己!

2016年11月2日

今天大课间,我带着学生跳长绳,学生们跳得越来越好了!我拍了一些视频和照片,做了个美篇发给家长。家长们纷纷点赞。

晚上,刘柳妈妈发给我刘柳写的词《点绛唇·秋日偶成》,还跟我详细讲述了词的"创作背景":刘柳早上走时说要带着手套,妈妈说不冷就不用带了。刘柳说大课间要跳大绳,老师怕冷,每次摇完绳手都是最凉的,她要把自己的手套给老师戴,结果到了操场才发现忘带了。刘柳回家后懊恼不已,即兴写出了《点绛唇·秋日偶成》:"秋晚天寒,阳光慵懒枝丫俏。校园喧闹,童趣飞扬貌。师把绳摇,手赤欢颜笑。生心燎,欲寻棉套,方觉囊空恼。"

我真是太佩服我的学生了!自叹不如啊!

2017年1月1日

今天,孩子们欢庆元旦,热闹非凡!有刘柳的词《如梦令·庆元旦》为证:"元旦师生同犒,团坐畅言疯笑。欢乐漾学堂,才艺纷呈惊爆。欢闹,欢闹,冲破云霄狂啸。"

当天晚上,刘柳还做了美篇《激情飞扬的六(10)班 七色花 七彩梦 七彩生活》,图文并茂,做得相当好!她选了我最满意的一张照片,配文是"亲爱的张老师,您是制造快乐、传递快乐的使者,感谢一路上您的相随相伴,让我们拥有快乐的美好时光!"又把我感动了!

2017年4月4日

今天,学校收赞美家乡的文学作品,刘柳上交的是《最美即墨》:

"大美即墨,千里祥和,万里繁华。观马山石林,悬崖峭壁,垂直纵深,景色唯美,山清水秀,心旷神怡,惊叹天工之神斧。

"观古城,见柳绿花红,争奇斗艳。游人流连忘返。看假山琉璃长亭,均古装古色,富丽堂皇。置身其中,仿佛穿越。当今社会,国富民强,和谐稳定奔小康。瞻未来,前程辉煌。"

一起为这个"百年不遇"的优秀孩子点赞吧!

她过生日,写《渔歌子·庆生》:"北陆偏逢长尾巴,八猴喜闹柳娃家。长寿面,祝福奢,玩兴未尽夕阳斜。"

她喜欢我这个班主任,送我一首《虞美人·红叶》:"长山不断几多树,江水滔滔去。张扬着意颂秋吟,红叶热情胜火染层林。晚秋色重即非浅,恰似红蝶恋。白霜侵染韵堪浓,静待笑迎绿柳意兴中。"这首词巧妙地将我的单位、姓名还有她自己的名字都嵌了进去。

她不只是古诗词写得好,文章《餐桌上的爱》也发表在《即墨教育》上。

2017年4月19日

今天跟学生们一起上心理主题班会课"世界因你而精彩——赞美的力量"。在课上,我引导学生们学会赞美,真诚地表达赞美,一起制作赞美卡,完成赞美树,共同感悟赞美的神奇魔力,让学生们在生活中养成赞美他人的好习惯。学生们很开心,我也很高兴!学生们把每个组的赞美树都贴到文化墙上,一下课就聚在赞美树下欣赏赞美卡。刘柳组的赞美树最特别,我最喜欢树干上的那首词《清平乐·赞美》:"言嘉行懿,不吝良言侈。歌唱绕梁情四溢,喝彩由衷而至。同窗智德兼怀,从心言表惜才。力赞世间美好,芳华自会寻来。"

2017年5月16日

刘柳送给我一份很特殊的礼物,是一段时长四分十七秒的视频——《我心中的女神》,我特别喜欢!美妙的音乐,配上我俩的照片,从2016年9月我们见面开始,娓娓道来,说我是一朵金色的向日葵,盛开在她的眼前,闪亮了她的世界;说我及时回复她的微信,那是对一个学生平等的尊重;说我支持她开启"天使计划",给了她最大的快乐;说我给她的肯定的话语、关爱的眼神、宠爱的拥抱、会心的微笑,都带给她极大的满足;说我是一位善解人意的女神,牵她走在铺满阳光的大路上;说最美的事就是在最美好的时光遇见了我……

我简直感动得一塌糊涂。我更想说,最美好的事情就是遇到了刘柳,这个小姑娘有心有爱有才华,是我从教以来遇到的最优秀的学生,没有"之一"!她的才情,她的胸怀,她的境界,都让我这个做老师的赞叹不已!

当我向刘柳妈妈表示感谢的时候刘柳妈妈告诉我,本来想等到毕业那天再给我的,可是刘柳迫不及待了,所以提前发给我了。我说,我要天天欣赏,直到毕业那天。

2017 年 8 月 22 日

今天,即墨教育公众号上发了一篇与我有关的文章:《一路欢歌一路行——记青岛市名班主任工作室主持人、即墨长江路小学张红老师》,文中收录了我的几个小故事——《一双慧眼》《一件外套》《一句反问》《一颗小星》《一个计划》《一本日记》。读着这些熟悉的故事,我又想起了我的学生。我们之间的点点滴滴,像一个个音符,像一朵朵浪花。我和学生们一起享受着快乐、享受着成长。

写上一段,纪念一下。

2017 年 9 月 10 日

今天是教师节,即墨教育公众号上推出了一篇文章——《同学们,老师对你们每个人都有一个最朴素的期盼……》,我的两段寄语都入选了。

"我们七色花中队,就是一座神奇的七色花园,同学们就是花园中的一朵朵小花。在张老师的眼里,每朵花都有自己的香气,每朵花都有自己的美丽。老师希望我们每一个同学,努力做最好的自己,散发出最美丽的香气!

"同学们,不要总想着成为一个成功的人,而要想着如何成为一个有价值的人,让自己成为一个能自控、不妨碍他人的人,要让人们因我的存在而感到幸福。"

2017 年 11 月 21 日

今天,我在青岛高新职校参加了一次心理教研活动,经历了一段心灵的旅程,很新奇,很喜欢。无论是听课,还是体验活动,还是和与会老师的交流,都让我的内心充满了温馨,充满了感动。

上午,听了两节示范课,都是关于"认识自己"的。高新职校胡瑞娴老师通过"我眼中的我""我眼中的小明""我是我吗"三个活动,温柔而坚定地指引学生客观、全面、用心地看待自己,让学生从理论的角度认识了自己。胡老师还延伸了课的深度,带着学生们通过乔哈里窗进一步认识自己。城阳的王文敏老师借助曼陀罗绘画技术,帮助我们了解自己的第一功能和第二功能,让我们从人格类型的角度更加深刻地认识自我,了解自我,悦纳自我。

下午,平度的王慧仙老师带领大家做"画雨中人"和卡牌的活动体验,巧妙地将绘画技术与OH卡牌相结合,带领我们更深入地探索内在的自我。在游戏中,我们整合了自己的过去、现在和将来,也对自己的整个生命历程有了全新的认识与感悟。

感谢今天所有授课的教师给予我们心灵的滋养,感谢今天所有与会的教师给予我们温柔的陪伴,感谢这次心理教研活动给予我们心灵成长的力量!

2018年1月3日

今早一进教室,惊喜地发现漂亮的墙裙已装好,感觉教室宽敞了许多。令我心情更好的是,在我给暖气放空的时候,学生陆续走进教室,开始读书。王伟超、刘梦然、周敏、李小雅主动帮同学擦桌子。教室里洋溢着温馨!刘梦然和王正槐的感恩日记不约而同地写到了这件事,更让我感到欣慰。我致力的感恩教育已潜移默化地植入了学生的心田。

2018年1月16日

今天,我忍不住又打开了班级感恩日记,看到了刘硕最感动的事:"上午第三节课,张老师讲卷子,我没有带红笔。老师走到我面前,我以为老师要批评我,可张老师随手递给我一支红笔。谢谢张老师的关心,我以后会注意的。"(后面画了两个笑脸,两颗红心笑脸)

老师一个小小的举动,带给刘硕的是感动,带给全班的是稳定,若批评呢?可能会反之。

王志锐同学写的是我发现黑板上布置的作业很多,就把语文作业减掉了一些,他感谢我对同学们的关心和体谅。(后面画了两颗红心。解释一下:自从在心理健康教育课上教会了他们用符号表达自己的情绪,每篇感恩日记里都会有一些符号出现。我挺喜欢的。)结尾还有一句话,说发现我有点感冒,很想让我早点好起来。(加一个笑脸)真的感谢这个细心的男孩!

宫宜辰的日记很短,但我很喜欢。"今天,对我来说,是一个值得纪念的日子,我和董志昊又成了好朋友。前两天对他说了一些不好的话,我想对他说一声'对不起'!"

学生们进步了,遇事学会找自己的原因了,学会反思自己的问题了,在处理自己和同学的人际关系上大有长进。为孩儿们点赞!

2018年1月19日

下午第三节,教室里热闹非凡。有二十四名同学获得了"班级之星"喜报,这里面有相当一部分同学有资本兑换"三好学生"奖状了!我们还为期末复习期间五次检测成绩突出的十四位同学颁发了"学习小标兵"喜报,两位同学获"进步小明星"喜报,所有获奖的同学还领到了奖品——一块德芙巧克力。接下来,我们还为"好事罐"里的同学抽奖,奖品是一颗小糖块。

2018年1月23日

一整天,我忙着做了一件事——批学生的字词本。上面写有学生作业中出现的所有的错字,分类整理的同音字、形近字,要求背诵课文中的关键词以及各个单元的知识点。一本未落,全批,每本本子上我都用红彩笔写了一句话:"祝你取得好成绩!"希望这句话给学生们带来力量!

考前的最后一节语文课,先拿出十分钟为字词本改错。接下来的听写,一改往日由我亲自听写的形式,全班学生每人听写一个自己认为最重要的词语,后面的和前面的不能重复。我当晚批出来,发现学生们听写得很全面。关键是他们都很喜欢这种形式。

2018年1月27日

今天家长会,王乙舟的妈妈为家长们作了家庭教育讲座,很多教育观点

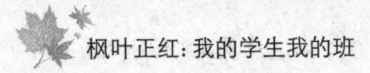

和我不谋而合。她结合自己双胞胎女儿乙舟、乙帆的教育历程,和家长们分享自己的教育心得,令在场的家长受益匪浅。

家长会后,李贺、紫睿、于越、震宇的家长主动帮我整理教室,我非常感动!文源、震宇的家长再三表示感谢,我非常感动!

下学期,继续做个绒布老师吧!我感觉在给学生和家长带来温暖的同时,自己也会感到幸福。

2018年3月16日

本周绝对是多年来少有的与众不同的一周:忙碌,煎熬。既不能耽误自己日常的工作,又要参加青岛市"一师一优课"比赛。我参加的是心理健康教育学科,选定的课题是"世界因你而精彩"。在宋济良主任的帮助下,我完成了课件的制作。

周一上午,找赵英副校长、江芙蓉主任联系好了试讲听课一事。

周二上午第一节,六年级(1)班如期试讲。感谢赵校长、江主任和李爱霞老师的陪伴!感谢王敏同学带给我的惊喜!下课后赶紧准备:课题、板书、教案、锦囊六个、赞美锦囊十二份。

周三上午第一节,六年级(8)班第二次试讲,这是王立峰主任的班。学生激情飞扬,真棒!听完课,王主任给了我很多合理化建议。在我试讲的同时,美术组的好同事都在忙着帮我制作教具。张洪美帮我制作了课题,万刚东帮我做好了板书,洪美带着王亚丽和孟庆娣帮我将六个小锦囊画好、贴好。非常感谢!第三、四节带着五年级(3)班学生来到录播教室录课,由于设备没调试好,最终匆匆结束。

周四上午第一节五年级(5)班,一切顺利!导出来后,才发现少了一分钟。没办法,只好再来!第五节五年级(6)班,再一次以失败告终!这个过程我也得到了许多教训:做事一定要仔细仔细再仔细,不要慌不要乱!感谢庄媛媛、王晓宇、武前前的大力支持!晚上联系孙立新老师,准备再一次的录制。

周五,在孙老师的帮助下,我又一次(第六次)站上了讲台。这一次的我沉稳多了,按部就班地走完了全程。

感谢前边所有的失败!

2018 年 3 月 31 日

今天,我读了郑立平老师的一篇文章《我们变,学生才会变》,感触特别深。接手五年级(3)班七个月以来,我头一次有种豁然开朗的感觉,原来是自己的问题!

"无论孩子身上有什么样的问题,都不可能在短时间内彻底解决;无论多么乖巧的孩子,成长中总伴随着各种各样的问题;无论多么优秀的教师,总不可能解决完学生成长中的所有问题。"郑老师的这句话太有力量了,一下子把我从纠结的泥潭中拉了出来。既然原生家庭给这些学生打上了太多的印记,外力改变不了他们也就成为再正常不过的事情,那就别太难为自己了。

反思自己的工作,发现自己犯了个错:自己太急于求成了!太想让学生变好了!是自己违背了学生的天性,用成人的思维和成人的标准去要求他们,结果,不仅损害孩子身心的健康成长,更凸显出教育者的强权和武断,使我们常说的"平等""尊重"都化为了泡影。心理学家弗格森说,每个孩子都有一扇只有他自己从里面才能打开的改变之门。而我们教师的工作,就是要用爱心、耐心和智慧去唤醒、引导和激励学生打开自己那扇改变之门。以后,我要更有耐心,尽自己最大努力帮助学生,即使他们犯错不断。这是我这个班主任的责任,也是学生本身的特点所要求的。我告诫自己,学生犯错是正常的;不犯错才是不正常的。改错,也是一个量变到质变的过程,需要我们充满信心,耐心期待。不要指责那些给自己带来烦恼的学生,而应感谢他们给老师带来思考。

平时我们尽力去做,实在不行就先顺其自然,再等待更合适的机会。当试过了很多的办法都不行时,那就先放放手,或许自己的过度关注真的是一种负面强化。我们应该慢慢培养这么一种理念:面对学生,其实根本没有什么真正令我们痛苦的问题,只有考验和挑战,也许正是在与这些学生的"斗智斗勇"中,我们的教育智慧才得以不断提升。

加强学习,提升自己,改变自己,这是我现在该做的事情。

2018 年 4 月 20 日

一大早,我就赶到了青岛王埠小学参加心理教研活动。到学校时还不到上班时间,我就先在校园转着尽情参观了一番,然后来到心理室等候活动的开始。说实话,我是心理队伍中的新兵,对心理研究充满了激情。我很珍惜每一次学习机会。

王埠小学孙蕾老师执教"考试来了……"。孙老师用沙具联想导入主题,然后从学生情绪察觉、情绪表达、解决之道等几个方面引导学生们正视自己面对考试的情绪反应和调节方法。接下来的活动中,孙老师引导学生们将自己的情绪当作精灵,用彩笔把它画出来,并给它起个名字。当情绪可视化,并有了自己的名字时,其实就是学生们对自己情绪的表达。心理资源宝库环节,学生们在资源库中挑选不同的资源,形成自己的解决之道,进一步发现应对这种情绪的处理方法。最后,孙老师通过"给情绪小精灵的一封信"活动让学生们把自己的信读出来,抒发自己对这种情绪的感谢和告别,给自己力量来面对考试,接受这种情绪带来的考验。整节课自然顺畅,如行云流水,一气呵成,给听课的老师一种很舒服的感觉。孙老师专业的心理素养、温文尔雅的语言风格、从容淡定的课堂掌控能力,还有她那份独特的沉静,都深深地感染了我。

胶州的冷晓莉老师执教"让赞美飞扬——学会赞美"。冷老师通过丰富多彩的活动让学生们感受到赞美的力量。"大风吹"的热身游戏让课堂迅速温暖起来,学生们兴趣盎然;接下来的"优点轰炸"使学生们感受到被别人赞美的开心和兴奋;"送你一朵赞美花"活动中,学生们把赞美的话写在花形卡片上并送给想赞美的小伙伴,学会了如何赞美;最后"发放熊赞卡",让每个学生都收到奇特的礼物,让每个学生都感受到赞美的力量。

莱西的刘玮玮老师带给我们的是一节舞动课,这是我第一次体验舞动疗法。刚开始我还有些拘谨,后来在刘老师的专业引导下,我慢慢地融入其中,全身心投入,真正放松了自己。在轻松的氛围中,大家用身体来向每一位老师打招呼,感觉到彼此之间的距离越来越近,团队之间越来越有默契。在这段奇妙的旅程中,我认识了一个不一样的自己,感受到一个温暖的心理团队,谢谢刘老师!谢谢每一位老师!我们在一起,互相尊重,积极参与,真诚陪伴,我们是最棒的!

吕兰兰老师带给我们的心理课是"遇见更好的自己"。她从自己的名字谈起,通过绘画的方式描绘"我眼中的自己""别人眼中的自己""理想中的自己",引导学生们认识独特的自己,对自己有进一步的了解,从而增强自信心,成就更完美的自己。

今天,我的收获特别多:学会管理情绪,学会与人交往,学会认识自己。心理课堂是一个安静的所在,需要平心静气地活动和交流。我们要在人际交往中释放善意,把赞美带给身边的人!感谢心理课堂带给我的温暖和力量!

2018年4月26日

今天下午,我们工作室邀请了即墨一中专职心理教师黄艳艳老师为所有的班主任老师作了题为"愿心起舞,与生同行——班主任'心'管理"的讲座。

黄艳艳,即墨一中专职心理教师,吉林大学基础心理学硕士,国家心理督导师,国家二级心理咨询师,共青团中央中级心理辅导员,国家生涯规划师,青岛市教学能手,青岛市第三期名师培养工程人选,现任青岛市教体局家庭教育讲师、青岛市家校合作促进会理事、青岛市王克伟心理名师工作室成员、即墨区教体局"心飞扬·伴成长"青年教师心理志愿者服务队讲师团成员,荣获山东省高中心理健康教育德育优秀课例展评一等奖,主编《寻找生命的地图——高中生人生规划》,并荣获山东省教学研究成果一等奖,参编多种心理健康教育教材,主持青岛市"十二五"教育规划课题。她系统学习过精神分析、存在主义团体治疗、绘画治疗、叙事治疗、箱庭疗法等多种心理技术,坚持心理公益之路,曾在校内外开展家长、青少年心理讲座300余场以及教师团体辅导100余场。

黄老师的讲座分三个部分:

问题:班级管理那些事儿;

视角:问题学生或学生问题;

路径:"心"管理,守住"心"。

在谈论"班级管理那些事儿"时,黄老师一步步引导老师们进入话题,"看到这个标题,您脑海中浮现出……""您回想起……""此刻,您内心的感受是……"并且举了与我们生活密切相关的习字,让老师们充分谈论自己的感受。这期间,黄老师一直微笑着倾听老师们的讲述,认同老师们的感受。老师们也敞开心扉,积极互动,整个会场一片和谐。接下来,黄老师又设计了一个"假如班级里有这样一面墙……"的活动,引导老师们从不同的站位来考虑问题。

一个半小时的时间,黄老师从专业心理学的角度深入浅出地让老师们感受到了心理学知识带给我们的新理念、新思考:怎么调整自己,学会转变视角,关注行为背后的部分,人、事分开,贴近学生心理,用"心"做事,从"心"沟通,向上、向善,站位、信念、感知、行动,从不放弃任何事情……这些新理念、新思考为班主任老师们打开了一扇窗。

重视老师的心理健康,关注学生的心理成长,这一直是我们努力的方向。

2018 年 8 月 28 日

我接到李瑞春副校长通知,要上交昨日的培训体会及新学期打算,马上动笔。

新的学年,我会严格执行顶岗支教工作要求,严格遵守受援学校的一切规章制度,出满勤、干满点,服从分配,勤恳工作,扎扎实实完成教育教学任务;在此基础上,充分发挥自身优势,传播先进的教学思想和教学方法,结合农村教育教学实际,创新教学模式,为农村教育贡献自己的力量,做学校和受援学校联谊的使者。

我会积极开展班主任工作,做好学生教育和安全管理工作,并充分利用青岛市名班主任工作室这个高平台,将自己的学习所得、宝贵经验跟老师们分享,以带动更多的班主任快速成长。

我会积极参与心理健康教育研究,并把自己所学跟大家一起分享,为教师和学生的心理健康发展而努力。

为了让自己更好地成长,我还给自己制订了一个读书计划,选择十本教育名著,认真阅读,完善自己,提升自己,坚持写好教育随笔。

说句心里话,我是第一次到农村教学,对于陌生的教育教学环境,我内心充满了忐忑。但是我会克服困难,努力前行,因为我们有李校长带领的这个温暖的支教团队!

还有几句话是写给自己看的。我这次支教的是我的家乡,我是否可以自豪地说我能为家乡的教育贡献一份力量了?还有更让我高兴的,这一年,我会有更多的机会陪伴在年迈的母亲身边。

2018 年 8 月 29 日

一大早，天就下起了雨。关门堵窗，家里很闷，我开了除湿，舒服多了。我静静地坐在电脑旁，轻轻地敲着键盘，内心一片安宁。

"幸福一家人"微信群里，"大家长"徐治全主任发了一段话：

"做人如草，踏实就好，风来，吹不倒，雨来，淋不跑。做人，就要做一个让人放心的人，无论认识多少年，都能由衷地感叹一句：'认识你真好。'人与人之间，最大的吸引力，不是你的容颜，不是你的财富，也不是你的才华，而是你传递给对方的信赖和踏实、真诚和善良，一种正的能量。人生，并不全是竞争和利益，更多的是相互成就，彼此温暖！"

我特别喜欢这段话。共勉。

公众号又发了一篇文章——《做学生喜欢的老师——张红名班主任工作室参加即墨区新教师培训》。

傍晚，雨又下起来了，和早上情景差不多，这是要首尾呼应吗？

明天就要去报到了，得准备一下：毛巾、抽纸、卷纸、水杯、文件夹、笔记本、记录本、小记事本、U 盘两个、餐具。

2018 年 9 月 18 日

今天批生字作业，效果很不好。要么错格式，要么少写了，要么写错了，要么乱画，要么换本了。总之，乱七八糟。我很是郁闷，是自己要求太高了，还是方法不对头？跟办公室老师交流之后，我找到了解决问题的方法。我专门找了一节课，每人发了一张大作文纸，强调怎么用，字写在哪个格，中间空几个格，一行写几个，最主要的是自己事先写好一张范例，在大屏幕上投出来，让学生照着写，并且强调："一笔一画写，写正确，逐个过关，过关的我给画颗星；谁写错了，谁写得不认真，一律退回重写！"我说得很严厉。结果，除了三个学生写错换纸，其余学生顺利过关。我很满意。

趁热打铁，再练练习簿。我也是先亮出样板，让学生照着写。很快，就有学生交上来了。我发现，新问题来了：序号后面的顿号没写的，要求后面的冒号没写的，序号一栏没空出来的，加上练习簿上只有横线没有方格，结果写得啥样都有。一批，我就明白了，不怪学生，怪自己说得不够清楚。

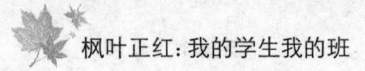

所以，想让学生达到自己的要求，一要指导得细，二要要求得严，三要慢慢养成习惯。

2018年9月25日

应张泽雅的家长要求，本周将奖励分明细向家长公示，让家长明白量化积分到底是怎么回事。我也明确地告知家长，这个量化积分主要作用是帮助学生们养成一个良好的学习习惯。附奖励分明细：

1. 第6课课文背诵顺利过关：张泽雅、叶世铭、李宇涵、张喜凤、江守杰、宋述秋、隋思睿、叶恒珍、谭圣钊、隋凯顺、王燕梅、侯珍科、李阳、李德正、杨连政。（+5分）
2. 安全平台第3、4课：全班都完成！（+10分）
3. 语文课堂作业第7课优秀：江守杰、张嘉怡。（+5分）
4. 语文课后作业第7课优秀：张泽雅、江守杰、毛欣玉、张嘉怡。（+5分）
5. 古诗《送元二使安西》背过：张泽雅、李宇涵、张喜凤、江守杰、叶恒珍、隋凯顺、王燕梅、侯珍科、李阳、李德正。（+5分）
6. 自主背古诗：张泽雅、叶世铭、江守杰、张淳、隋凯顺、李阳、李德正、杨连政八位同学开始背诵，数目不等，奖励分也不一样，统计进行中……
7. 课外书阅读：张泽雅、张喜凤。（+5分）

2018年9月28日

班里的笤帚、撮子的金属把儿断了，断处尖锐，不小心就会划伤手。我从家里带来剪刀、宽胶带准备整理一下。教室里很多备用抹布，我找了几块干净又好看的，蒙在断头上，然后用宽胶带缠了十好几道。为防脱落，又从顶端呈十字形交叉拉下两道，这下就不用担心"小帽子"会掉了。现在，拿着笤帚扫地，再也不用担心学生伤着手了。作文课上写《我的老师》，很多孩子写到了这件事。我挺高兴的，孩子们知道从生活中取材，通过具体事例来表现人物特点。

2018 年 10 月 26 日

今天,是我今年第二次到王埠小学参加心理教研活动。每次都是轻松愉快,每次都是快乐幸福,每次都是收获满满。

和4月份那次一样,我又早早地到达会议地点。上次参观了学校,这一次,我把几个心理室里里外外看了个遍,了解了很多心理知识。我觉得在心理方面自己是个新兵,应当努力学习一些基本的心理学知识来充实自己。

我首先关注的是心理健康标准。美国的心理学家马斯洛和密特尔曼共同提出了心理健康应具备的10项标准:1. 有充分的自我安全感。2. 能充分了解自己,并能对自己的能力作出恰当的评价。3. 生活目标能切合实际。4. 与现实环境经常保持良好的联系。5. 能保持人格的完整与和谐。6. 具有从经验中学习的能力。7. 能保持良好的人际关系。8. 情绪表达适当并能及时控制情绪。9. 能有限度地发挥个性。10. 在不违背社会准则的情况下,能使个人的基本需要得到适当满足。其次,我还了解了曼陀罗心灵动力棋疗法、九宫格统合绘画疗法、沙盘游戏、团体辅导小游戏等。

上午,我跟着莱西的程红红老师体验了沙盘"我心中的风景画",在沙的世界里畅游,觉察自己,放松自己,和同伴们一起创造了"田园诗情",欣赏了同伴的"自得其乐"和"绿野仙踪"。李沧的崔婧老师带我们体验的是荣格曼陀罗绘画。崔老师借助"小灰灰",让学生回顾一下自己心里不开心的事,并借助音乐,引领学生慢慢地回到自己的内心世界,找寻失落的情景,借助绘画表现出来,在小组内分享,接受来自同伴的支持,从而缓解自己的心理压力。平度的于汝娟老师带领我们体验的是团体六格绘画,让我们对绘画疗法有了更多的了解。在这个过程中,我体验到团体成员间的合作,彼此之间的了解、默契程度,也能够觉察出自己与他人的关系,以及自己在人际互动中的行为模式,有利于我们更好地了解自己、完善自己,让自己拥有更好的人际关系。下午,胶州的李美华老师带我们体验的是"挖掘自身优势资源"。在李老师的引导下,我们回顾梳理自己,努力开发自己的内在资源,获得了更多的力量,感受到了自己的成长!

王埠之行,愉快的心灵之旅!感谢孙蕾老师的暖心接待,感谢授课老师的精心准备,感谢同伴们的倾心陪伴!期待再相见!

2019年4月11日

　　下午,我又一次回到了长江路小学。校园里,熟悉的一草一木,一张张亲切的面庞,都让我的内心充满了温暖。这次回来是参加学校的班会优质课比赛,不同的是我是以评委的身份出现。赛前,朱福山主任对评委进行了简短的培训,带领我们学习了班会课的评价标准,强调了具体操作过程中的一些细节问题,我心里一片明朗。后面比赛的顺利有序进行与前期细致的培训是分不开的。

　　比赛的过程更是高潮迭现、异彩纷呈。17位参赛班主任依次亮相,让现场的老师们大开眼界。

　　选手们选题广泛,既有感恩、合作、诚信、节约、环保等传统主题,又有"坚韧的力量""学会宽容,快乐生活""消除误会小秘方""做更好的自己"等关注学生心理的特色主题。设计方案主题鲜明,目标明确,贴近学生生活。班会形式新颖活泼,通过丰富多彩的活动、生动有趣的故事、具体翔实的数据、发人深省的视频、震撼人心的音乐,引领学生深入体验、感悟道理,取得了很好的效果。老师们高度重视,充分准备,制作了精美的课件,课堂上充满自信和激情的演绎令在场的我们感叹不已。

　　感谢我的好同事,有了你们的辛苦付出,我们才得以欣赏到如此精彩而又完美的演出。感谢长江路小学为老师们的成长提供了广阔的舞台!

2019年5月31日

　　今天,我在"即墨区小学心理健康教育实验点校研讨暨教研员开放课堂活动"中执教公开课"学会拒绝"。课后我进行了反思。

　　非常感谢邱秀娟老师给我这个宝贵的展示机会。一遍遍磨课的过程,颠覆了我对心理课的认识。以前我感觉心理课很简单,带着学生组织几个活动,热热闹闹,孩子感兴趣,老师也高兴。现在,我不这么认为了,心理课其实是很难讲的,尤其难的是走进学生的心里,触动学生的心灵。这需要扎实的基本功,而我还差得非常远。

　　整个磨课的过程,我更是有着太多的感动。感动于邱老师一遍一遍不厌其烦的指导,感动于王立峰主任全程温暖的陪伴,感动于我的好同事无条件的大力支持,包括我远在段泊岚中心小学的好同事,帮我一遍遍地录视频,知道我担心声音小学生听不清,还想方设法帮我配上字幕,在我回长江路小学试讲的时候,帮我承担所有的事情。

我很喜欢心理健康教育,我更喜欢邱老师率领的这个心理健康教育大团队。这个团队,勤奋好学,无私奉献,乐于分享。在这个团队中,我感受到的是温暖、是幸福、是力量。

邱老师本身专业水平很高,给了我很多的指导。有三点我印象特别深:一是心理课课前一定要调研学生,知道学生需要的是什么;二是走进学生心里,触动学生心灵;三是训练学生用心理学知识解决生活中的实际问题。

这个过程,受益最大的是我自己,感谢心理健康教育带给我的一切,我会继续努力!

2019年8月18日

今天,根据即墨区教师进修学校的安排,我给全区新教师做岗前培训,主题为"做学生喜欢的班主任"。近几年,连续给即墨新教师培训,这是第五次了,自己感觉一次比一次顺手。这一次,现场的气氛更好,新教师回应得更为积极。

课间休息的时候,有两个女孩走上来跟我打招呼:"张老师,我是刘艺,您还记得我吗?""张老师,真的是您?我是王方舟。""记得,记得,当然记得。"我激动地拉起她俩的手。确认是我后,刘艺激动得当场就流泪了,我俩紧紧相拥!怎能不记得?她俩都是我"心爱的五班"的成员啊!

上午培训结束后,我看到了刘艺的朋友圈:"在培训最后一天重逢我的小学班主任张老师,霎时间热泪盈眶。很久很久以前,有一束温暖的光,那是我对教师这个身份最初的向往。她是我心中的神坛,也是走到我身边的天使,我的启蒙恩师,让我成为现在的我的人。'喜旺'的本子我也还珍藏着,还有您分别前给五班每人一份的装满了从一年级到五年级的字帖、画画、作文的档案袋,不知道我曾经是否也走入过您的日记里。到您面前果然还是没忍住眼泪,哭得稀里哗啦,想说的思念和感恩都凝噎在喉。最好的城南小学五班,最好的您。"

培训结束一回到家,我就找出我的第一本教育日记《心爱的五班》,把与刘艺有关的内容,或用文字,或用图片,统统发给她。小姑娘也把她珍藏的美好的回忆发给我，有试卷、有大作文本、有写字作业、有评价手册、有绘画作品、有手工贺卡，等等。我真的没想到，孩子们会将我留给她们的东西保存至今！我又一次认识到班主任对一个孩子的影响有多大！

如今支教归来，重新融入长江路小学这个大家庭。新的学年，我要以一种新的心态迎接新生活，随时提醒自己要有阳光心态、空杯心态、宽容心态、成长心态、坚守心态，尤其希望自己拥有空杯心态，把自己清零，努力成长为一个全新的自己。不忘初心，砥砺前行！

后　记

　　我很喜欢做班主任，愿意用笔记录工作中的点滴，更愿意写写我与学生之间发生的故事。一个偶然的机会，学校领导知道了我坚持写工作日记的事，他们很赞赏。当时的宋云明校长（现已到即墨区教体局督导室工作）和国静静副校长（现任即墨区小学教研室主任）都热情地鼓励我继续写下去。

　　学校领导这么支持我，我很感动。于是，我就把写教育日记这件事坚持了下来。虽然我写的大都是记录日常工作的流水账，但写着写着，成功的事就成了经验，失败的事就成了教训，我也在不断的反思、总结中慢慢地提高着。

　　说实话，出书是我想都不敢想的事。幸运的是，2017年2月，我成为青岛市首批普通中小学名班主任工作室主持人，出书就有了可能。在青岛市教育局基教处孙兴铭书记的引领下，我带领工作室成员积极参加学习、培训，自己也积累着、提高着。

　　2017年8月，即墨区教师进修学校的孙立迁校长让我给全区的新上岗教师做一个师德和班主任工作方面的培训，他建议我把班主任工作的具体做法和新教师做个分享。于是，我从工作日记中挑选案例、提炼经验、总结教训，准备了大约五万字的讲稿，作了一个讲座。没想到反响非常好，新教师们纷纷表示我讲的内容他们听得懂、学得来，对他们非常有启发、有帮助。接下来的2018年和2019年，我又两次受邀为即墨区全体新教师做培训，受到好评，我感觉非常高兴！

　　我们学校的王道田校长对我的名班主任工作室非常支持，经常勉励我好好学习，要求我发挥工作室的辐射作用，为我校的班主任队伍建设多做工作，打造学校班主任工作品牌特色。王校长亲自为我们工作室著作成果《做学生喜欢的班主任》作序，提出并指导我出版自己的班主任工作专著。

于是,我从数十万字的工作日记中精选了十几万字,形成了这本小册子。

感谢给我指导和支持的学校领导,感谢关心、鼓励我的工作室老师们,感谢我的学生们和家长们。感谢中国海洋大学出版社给予我真诚的鼓励和无私的帮助。感谢我先生为我的书稿润色、加工,给我提出宝贵的意见,帮助我完成自己出书的梦想。

感谢所有关心我、支持我的朋友们!

张 红

2020 年 4 月 10 日

于青岛即墨